Juliane Schmid

Lingua Latina per se illustrata?

Ørbergs Latein-Lehrbuch in der Schule

Bachelor + Master
Publishing

Schmid, Juliane: Lingua Latina per se illustrata? Ørbergs Latein-Lehrbuch in der Schule, Hamburg, Bachelor + Master Publishing 2013
Originaltitel der Abschlussarbeit: Lingua Latina per se illustrata? Die direkte Methode Ørbergs in der Schule

Buch-ISBN: 978-3-95549-289-2
PDF-eBook-ISBN: 978-3-95549-789-7
Druck/Herstellung: Bachelor + Master Publishing, Hamburg, 2013
Zugl. Technische Universität Dresden, Dresden, Deutschland, Bachelorarbeit, Dezember 2011

Bibliografische Information der Deutschen Nationalbibliothek:
Die Deutsche Nationalbibliothek verzeichnet diese Publikation in der Deutschen Nationalbibliografie; detaillierte bibliografische Daten sind im Internet über http://dnb.d-nb.de abrufbar.

Hermannstal 119k, 22119 Hamburg
http://www.diplomica-verlag.de, Hamburg 2013
Printed in Germany

INHALTSVERZEICHNIS

Vorwort

Ich bedanke mich bei Herrn PD Dr. Markus Peglau für die gute, zuverlässige und unkomplizierte Betreuung und schnelle und solide Beantwortung meiner Fragen bei der Anfertigung meiner Bachelorarbeit. Außerdem danke ich Herrn PD Dr. Andreas Heil für die Übernahme der Zweitkorrektur.

1 Einleitung

Der vorliegenden Bachelorarbeit liegt das lateinische Lehrbuch LINGUA LATINA PER SE ILLUSTRATA. PARS I. FAMILIA ROMANA[1] von Hans H. Ørberg zu Grunde. Anhand der Analyse des Lehrbuchs sowie der Lehr- und Lernmethode soll untersucht werden, inwiefern dieses dänische Lehrbuch auch im deutschsprachigen Raum Anwendung finden kann.

Dabei hilft zunächst ein kurzer Abriss über die direkte Methode, auf der das Lehrbuch aufbaut. Es werden ihre Entstehungsgeschichte und ihre Merkmale aufgezeigt. Anschließend folgt eine kurze Zusammenstellung, welche Anforderungen diese Methode sowohl an die Schüler als auch an die Lehrer stellt und welche möglichen Probleme sich aus ihr ergeben können.

Im zweiten Teil wird aufgezeigt, in welchen Ländern und in welchem Kontext Ørbergs Lehrbuch bereits Anwendung findet. Augenscheinlich wird hier, dass seinem Lehrbuch besonders im englischsprachigen Raum große Aufmerksamkeit geschenkt wird.

Anschließend soll das Lehrbuch an sich genauer vorgestellt werden. Hierzu dient eine tabellarische Übersicht über die Lektionen, die Auskunft über das Thema, den Inhalt, das Grammatikpensum und die Übungen gibt. Mit Hilfe des zum Lehrbuch vorhandenen Lehrerhandbuchs soll gezeigt werden, nach welchen Prinzipien im Lehrbuch gearbeitet wird und wie diese umgesetzt werden können. Um Ørbergs Lehrbuch und dessen Arbeitsweise zu veranschaulichen, finden sich im Anhang drei Beispielseiten.

Um nun die Kompatibilität mit dem sächsischen Lehrplan zu untersuchen, ist es nötig, die Bedingungen, die der Lehrplan an den Fachunterricht stellt, herauszuarbeiten. In diesem Rahmen werden besonders die Bildungsziele, die inhaltlichen Vorgaben, die Vorgaben zum Grammatikunterricht sowie zum antiken Sachunterricht berücksichtigt.

Im letzten Teil sollen nun die bisher gewonnenen Erkenntnisse zusammengeführt werden. Es werden die Fragen geklärt, inwiefern Ørbergs Lehrbuch dem sächsischen Lehrplan gerecht wird und ob prinzipiell die Anwendbarkeit des Lehrbuchs und seiner Methode gegeben ist. Zusätzlich dazu werden auch Kritikpunkte beleuchtet.

Abschließend folgt eine Zusammenfassung der Ergebnisse mit Ausblickscharakter. Bereichert Ørberg die deutsche Schulbuchlandschaft mit einem Lehrbuch, das angeblich selbsterklärend ist?

---

[1] Die lateinische Sprache durch sich selbst anschaulich gemacht. Teil 1. Die römische Familie.

2 Die direkte Methode

Als direkte Methode wird vornehmlich das ausschließliche Lernen einer Fremdsprache in der Zielsprache bezeichnet. Hierbei tritt die Muttersprache vollends in den Hintergrund. Die direkte Methode impliziert einen natürlichen, d.h. direkten, Spracherwerb analog zur Muttersprache[2].

Durch die Vielzahl der Fremdsprachendidaktiken in den neuen Sprachen und im altsprachlichen Unterricht ergibt sich das Problem der Benennung der Lehrmethode. In den Didaktiken der neueren (lebenden) Sprachen wird die oben genannte Definition verwendet. Dennoch differiert die Bezeichnung oftmals zwischen „direkter Methode" und „Berlitz-Methode"[3]. Im englischsprachigen Raum gibt es für oben gezeigtes Vorgehen verschiedene Bezeichnungen, wie beispielsweise „natural method"[4], „natural approach"[5] oder auch „contextual induction"[6]. Alle Methoden verfolgen das Ziel, eine Fremdsprache ohne die Hilfe der Muttersprache zu erlernen, jedoch unterscheiden sie sich in kleineren Details. Gewissermaßen besteht ein Verwandtschaftsverhältnis zwischen allen genannten Methoden, dennoch gleicht keine der anderen[7]. Ørberg verweist darauf, dass seine Methode aus dem Prinzip der natürlichen Methode hervorgeht[8]. Rainer Nickel bezeichnet im „Lexikon Lateinunterricht" die „Sprechmethode [als] eine der ‚direkten Methode' des neusprachlichen Unterrichts entfernt verwandte […] Methode der weitgehend einsprachigen (lat.) Vermittlung des Lateinischen"[9]. Wilfried Stroh fügt hinzu: „Eine ideale Grundlage für einen auf dem Sprechen basierenden Sprachunterricht bietet der Däne H. H. Ørberg in […] *Lingua Latina per se illustrata*"[10]. Auf die jeweiligen Unterscheidungsmerkmale der genannten Methoden soll im Verlauf der Arbeit nicht eingegangen werden.

Um in dieser Arbeit Klarheit über die Bezeichnung zu verschaffen, werde ich weiterhin von der „direkten Methode" sprechen, da es keine adäquate deutsche Übersetzung zu Ørbergs „contextual induction" im Rahmen der Didaktik des altsprachlichen Unterrichts gibt.

---

[2] Vgl. Neuner 2007: S. 228.
[3] Vgl. Richards; Rodgers 2001: S. 12.
[4] Vgl. ebd.: S. 11.
[5] Vgl. ebd.: S. 178.
[6] Vgl. Ørberg: Vorwort in Miraglia; Brown 2004: S. 4.
[7] Vgl. Richards; Rodgers 2001: S. 178f.
[8] Vgl. Ørberg 1973: S. 916.
[9] Nickel 2001: S. 268.
[10] Stroh 2011: Abs. C. Neuansätze 1. Schule: Sprechmethode (RWG).

2.1 Entstehungsgeschichte

Die direkte Methode ist ein Produkt der Didaktik der neueren Sprachen. Neuner beschreibt die Entwicklung sinngemäß folgendermaßen: Als sich die neueren Sprachen gegen Ende des 19. Jahrhunderts neben Latein und Griechisch etablierten, bot sich auch die Möglichkeit, eine neue Didaktik zur Vermittlung der lebenden Sprachen auf den Weg zu bringen. Die neuen Methoden sollten sich auf die Sprachen als gesprochene Sprachen beziehen, fernab von der Überhöhung des Grammatikunterrichts. Sowohl im deutschsprachigen als auch im englischsprachigen Raum setzte sich diese Idee durch. Vertreter der Reformbewegung waren beispielsweise Viëtor, Gouin und Heness. In den folgenden Jahren übernahmen und differenzierten die Didaktiker die Grundzüge der direkten Methode, was letztendlich zur Aufschlüsselung in bereits oben erwähnte Zweige zur Folge hatte[11].

Um den Bogen zum altsprachlichen Unterricht zu schlagen, muss zunächst Folgendes festgehalten werden: Mit der Abschaffung des lateinischen Abituraufsatzes während der Kaiserzeit im Rahmen der preußischen Schulreform 1890/92 kann der erste Paradigmenwechsel im Lateinunterricht angesiedelt werden. Die Fähigkeit, Latein aktiv zu beherrschen, ist nun kein Lernziel mehr. Demzufolge ist die Anwendung einer direkten Methode, wie sie im selben Zeitraum für die neuen Sprachen entwickelt worden ist, regelrecht überflüssig und nicht mehr zeitgemäß. Wo bis vor einiger Zeit noch Übersetzung und Produktion lateinischer Texte an der Tagesordnung waren, findet man nur noch einseitige Übersetzungs- und Grammatikstunden[12].

Auf der Grundlage der Ausführungen Rosenthals in „Lebendiges Latein“ besann man sich in Deutschland in den 60er Jahren des 20. Jahrhunderts wieder darauf, dass ein einseitiger Grammatikunterricht ebenso wenig zielführend sei und eine Sprache nicht ausschließlich durch das Zerlegen in ihre Einzelteile gelernt werden könne[13].

Zu dieser kleineren Reformbewegung der Didaktik der alten Sprachen lässt sich auch Hans Ørberg hinzuzählen. Dessen Antwort auf einseitigen Grammatikunterricht ist das Lehrbuch LINGUA LATINA PER SE ILLUSTRATA. Ørberg selbst befasste sich seit 1951 mit dieser Methode und berief sich dabei auf den Dänen Arthur M. Jensen. Die entstandene Methode enthält die grundlegende Forderung, dass ein Text selbsterklärend sein müsse und die Bedeutung jeder neuen morphologischen oder syntaktischen Erscheinung aus dem Kontext hervorgehe[14]. Die Methode Ørbergs steht in keinem Widerspruch zum

---

[11] Vgl. zu den vorangehenden Ausführungen in diesem Kapitel Neuner 2007: S. 228.
[12] Vgl. Stroh 2011: Abschnitt Begriff des Lebendigen Latein (RWG).
[13] Vgl. ebd.: Abschnitt C. Neuansätze 1. Schule: Sprechmethode (RWG).
[14] Vgl. Herausgeber New England Classical Newsletter 1987: S. 22.

lebendigen Lernen, d .h. auf der Grundlage von kommunikativen und umgangssprachlichen Texten, wie es im Englisch- oder Französischunterricht der Fall ist[15].

2.2 Kennzeichen

Neuner nimmt Bezug auf Viëtor und charakterisiert den modernen Sprachunterricht durch ein „Konzept, das der gesprochenen Sprache und dem ‚natürlichen' Spracherwerb Vorrang vor Grammatikvermittlung und Übersetzungsübung einräumt"[16]. Es ergeben sich also die folgenden Grundlagen: „Vorrang des Sprachkönnens vor dem Sprachwissen; Vorrang des Mündlichen vor dem Schriftlichen; Orientierung des Fremdsprachenunterrichts an Aspekten des alltäglichen Sprachgebrauchs; Einsprachigkeit des Unterrichts (Ausklammerung der Muttersprache); erfahrungs-orientiertes, induktives Lernen; Entfaltung eines ‚Sprachgefühls' und der Gemüts-bildung durch Fremdsprachenlernen"[17].

Diese alle sind Leitsätze, die wohl – besonders im Lateinunterricht – schwierig umzusetzen sind. Daher sollten die Forderungen der direkten Methode soweit angepasst werden, dass sich weder die Schüler noch der Lehrer unnatürlich „verbiegen" müssen. Denn Unnatürlichkeit ist das, was ein reformierter Lateinunterricht gerade verhindern will und muss.

2.3 Anforderungen an Schüler und Lehrer

Es stellt sich die Frage, warum man nun die direkte Methode anwenden und vor allem das damit einhergehende Lateinsprechen praktizieren sollte, wenn es doch gar kein Lernziel ist. Über diese Frage wird in der einschlägigen Literatur kontrovers diskutiert. Glücklich spricht in seinem Aufsatz von dem Defizit der Begründbarkeit des Lateinsprechens[18], Stroh stellt hingegen die „Freude am Latein"[19] in den Mittelpunkt.

Häufig werden Bedenken bezüglich der Realisierbarkeit des Sprechens laut. Angst vor Fehlern wird ebenso deutlich wie die Angst, sich lächerlich zu machen. Stroh versucht, jegliche Ängste zu nehmen, indem er auf seine eigenen Erfahrungen verweist und deutlich macht, dass der lateinsprechende Lehrer eher Bewunderung unter den Schülern

[15] Vgl. Miraglia; Brown 2004: S. 5.
[16] Viëtor, zit. in: Neuner 2007: S. 228.
[17] Neuner 2007: S. 228.
[18] Vgl. Glücklich 1994.
[19] Stroh 1994b: S. 12.

hervorruft als dass er Objekt der Komik wird[20]. Dennoch sollten gewisse Grundkenntnisse in der Anwendung der lateinischen Sprache vorhanden sein, die in der universitären Ausbildung in der Regel gelegt werden. Zweifellos besteht ein Unterschied zwischen dem Schreiben und Sprechen. Somit kann auf die Übung des Sprechens nicht verzichtet werden, denn die Übung des Lateinsprechens führt zur Verbesserung der Sprechkompetenz.

Durch das Sprechen nimmt der Lehrer den Schülern die Angst vor dem bis dato ungeliebten Lateinunterricht. Es öffnet somit den Latein-Markt für andere Schülertypen, die nicht zu „den introvertierten Analytikern"[21] zählen.

Die Schüler müssen sich auf das Experiment Lateinsprechen einlassen. Mit einem konsequenten Unterrichtskonzept, der regelmäßigen aktiven Anwendung der lateinischen Sprache und einem passenden Lehrbuch sollte es leichter sein, dem Schüler eine Lernumgebung zu schaffen und nutzbar zu machen, in der er bereit ist, seine Lateinkenntnisse ohne Angst zu benutzen. Schon Neumann war 1952 der Auffassung, dass man Latein auf demselben Weg, nämlich über das Ohr, wie eine lebende Fremdsprache aufnehmen und erfassen können müsse, da auch lateinische Texte Ausdruck und Niederschlag einer lebendigen Sprache seien[22]. Bekannt ist aber, dass es im Lateinunterricht schwierig sein sollte, eine derartige Lernumgebung einzurichten, wie es beispielsweise im Englisch- oder Französischunterricht möglich ist. Der Lehrer könne nicht ohne weiteres die Lebenswelt der Kinder oder Schüler der Antike auf die Lebenswelt der Schüler im Jetzt ummünzen, da sie sich gar zu stark unterschieden[23]. Daher plädiert Stroh dafür, dass sich das im Unterricht gesprochene Latein natürlich meist im Bereich der antiken Autoren unter der Einbeziehung umgangssprachlicher Texte bewegen sollte[24].

Der Lehrer ist also aufgefordert, einen Mittelweg oder passende Überschneidungen zwischen den Elementen der Lebenswelt der Schüler und der Wahrung der antiken Kultur zu finden und diesen Weg zu beschreiten. Inwiefern Ørberg versucht, diesen Spagat zu bewältigen, soll in einem späteren Kapitel näher ausgeführt werden.

---

[20] Vgl. ebd.: S. 8 & S. 14.
[21] ebd.: S. 12.
[22] Vgl. Neumann 1952: S. 11.
[23] Vgl. Arnold 1926: S. 33.
[24] Vgl. Stroh 1994b: S. 13.

3 Rezeption Ørbergs und der direkten Methode im Latein-Unterricht

Im Folgenden soll exemplarisch vorgestellt werden, welche Schulen und welche Lehrer Ørbergs Lehrbuch bzw. Lehrbücher mit welchen Erfolgsaussichten und welchen Intentionen verwenden. Auffällig ist hierbei, dass Ørberg im Ausland im Gegensatz zu Deutschland deutlich bekannter ist und darum auch häufiger gemäß seiner Lehrmethode gelehrt und gelernt wird. Allerdings – das ist einschränkend zu sagen – zeigen die folgenden zwei Beispiele Italiens und der USA eher die Anwendung Ørbergs im außerschulischen Bildungskontext bzw. im universitären Kontext. Bei der Behandlung der deutschen Ørberg-Rezeption im dritten Abschnitt wird jedoch ein Beispiel des Einsatzes im Schulkontext gezeigt.

3.1 Italien: Vivarium Novum: Summer Latin School

Luigi Miraglia ist als Präsident der Akademie „Vivarium Novum" für den Lehrexport der lateinischen Sprache verantwortlich. Er unterrichtet auf der Basis der direkten Methode und der Lehrbücher Ørbergs in Italien um im Ausland[25]. Das bedeutendste Projekt ist die Summer Latin School: Ein achtwöchiger Kurs, der dazu dient, die lateinische Sprache von Grund auf zu lernen. Dazu ist ein Programm aufgestellt worden, das den ganzen Tag die Beschäftigung mit der lateinischen Sprache vorsieht.

Besonders auffallend ist, dass Miraglia nur Latein als Kommunikationsmittel erlaubt, mit dem Ziel, vollständig in die Sprache einzutauchen. Dazu leben die Kursteilnehmer auf dem Campus der Akademie. Im Informationsblatt zur Summer Latin School wird unmissverständlich deutlich, dass die Dozenten der Akademie eine sehr große Lernbereitschaft voraussetzen, damit das Lernziel – in acht Wochen fließend Latein lesen (und sprechen) zu lernen – erreicht wird. Miraglia setzt als Lehrbuchgrundlage für alle drei Kursstufen Ørbergs Reihe Lingua Latina fest. Miraglia kann auf eine lange Erfolgsgeschichte zurückblicken. Seit 1991 lehren er und andere Dozenten der Akademie auf diese Weise. Plätze sind sowohl in den achtwöchigen Sommerkursen als auch in den regulären Kursen der Akademie stark begrenzt, da die Lehrenden besonderen Wert darauf legen, dass alle Teilnehmer sich aktiv am Geschehen, d.h. an lateinischen Konversationen, beteiligen können[26].

---

[25] Vgl. Salini 2009.
[26] Vgl. Accademia Vivarium Novum 2011.

Auch wenn der gesamte, nahezu alternativlose, Ablauf des Sommerkurses künstlich erzeugt anmutet, scheint Miraglia mit diesem Konzept erfolgreich zu sein.

3.2 USA

In den USA ist Ørbergs Lehrbuch weit verbreitet[27]. Insbesondere in Universitätskursen zum Erlernen der lateinischen Sprache, v.a. wenn die Studenten keine Lateinkenntnisse zu Beginn des Studiums mitbringen, wird mit Ørberg gelernt. Als Ian Thomson Anfang der 1970er Jahre erste Unterrichtsversuche mit damals noch LINGUA LATINA SECUNDUM NATURAE RATIONEM EXPLICATA[28] durchführte, gaben andere Lehrer, die Ørbergs Texte nutzten, an, dass ihr Unterricht daran scheitere, dass sie nicht wüssten, mit Ørbergs Texten richtig umzugehen und dass Zusatzmaterial fehle[29]. Daher entwickelten Thomson und Kollegen begleitendes und weiterführendes Unterrichtsmaterial, da Thomson selbst der Überzeugung war, dass Unterricht auf der ausschließlichen Grundlage des Lehrbuchs zu einseitig und dünn sei und Ørberg sein Lehrbuch lediglich als Unterrichtsbasis verstehe[30]. Auch Masciantonio verweist darauf, dass der Lehrer bezüglich der multisensorischen Ausrichtung des Unterrichts gefragt sei[31]. Vier Jahre später konstatiert Thomson, dass es weiterhin Verwirrungen bezüglich der Methode und ihrer Anwendung gebe[32] und dass die Methode bei den meisten Lehrern deshalb scheitere, weil sie nicht konsequent genug mit der Methode lehrten und überdies nicht genug Vertrauen in die Methode hätten[33].

An Lehrerhandbüchern zum Arbeiten mit Ørbergs Büchern mangelt es indes nicht mehr. Rudolph Masciantonio formulierte zunächst 1970 ausführliche Anweisungen für Lehrer, die noch nicht oder nur wenig mit Ørbergs Methode vertraut sind. Es handelt sich hierbei um detaillierte Ausformulierungen der „Pensa“, wie man mit ihnen arbeiten und Lernerfolge abseits vom Auswendiglernen der Kasusendungen erzielen kann[34]. Außerdem verfasste Ian Thomson 1975 ein „Teacher's Manual“[35]. Auch Brown und Miraglia konzipierten im Rahmen der Reihe LINGUA LATINA ein Lehrerhandbuch, auf das ich im Kapitel 4 zurückkommen werde.

---

27 Vgl. Herausgeber New England Classical Newsletter 1987: S. 21.
28 Die lateinische Sprache gemäß der Art ihrer Natur erklärt.
29 Vgl. Thomson 1972: S. 151.
30 Vgl. ebd.: S. 151.
31 Vgl. Masciantonio 1970: S. 9.
32 Vgl. Thomson 1976: S. 9.
33 Vgl. ebd.: S. 10.
34 Vgl. Masciantonio 1970: S. 14.
35 Vgl. Herausgeber New England Classical Newsletter 1987: S. 21.

Dass LINGUA LATINA in den USA bekannt ist und Verwendung findet, zeigen nicht nur die Existenz zahlreicher Lehrerhandbücher, sondern auch die Auseinandersetzungen einiger Privatpersonen und Dozenten mit den Büchern auf der Internetpräsenz des amerikanischen Vertreibers der LINGUA LATINA-Reihe[36].

3.3 Deutschland

In Deutschland sind Ørberg, sein Lehrbuch und seine Methode zwar in den fachwissenschaftlichen Kreisen der altsprachlichen Didaktik bekannt und ihnen kommt auch einiges an Bewunderung zu, dennoch kann keinesfalls behauptet werden, dass sich LINGUA LATINA PER SE ILLUSTRATA oder – wie das Buch vorher hieß – LINGUA LATINA SECUNDUM NATURAE RATIONEM EXPLICATA tatsächlich etabliert und Einzug in die bundesweiten Listen der für die Schule zugelassenen Lehrbücher gehalten hätte[37].
Aufgrund der Tatsache, dass LINGUA LATINA PER SE ILLUSTRATA kein in Deutschland zugelassenes Lehrbuch ist[38], ist es verständlich, dass es bisher nur wenige Erfahrungsberichte bezüglich der Anwendung und vor allem der Anwendbarkeit gibt. Stroh befindet den Aufbau und die Vermittlungsweise für durchaus geschickt, auch wenn er auf keine praktischen Erfahrungen mit diesem Lehrbuch zurückgreifen könne[39]. Somit kann er die Fragen nach der Anwendbarkeit und den Erfolgsaussichten nur schwer beantworten.
Praktische Erfahrungen mit diesem Lehrbuch kann hingegen Frank Oborski nachweisen. Er macht die Einführung eines neuen Lehrwerks an den Komponenten der (erfolgreichen) Praxiserprobung und der Schülerevaluation fest. LINGUA LATINA PER SE ILLUSTRATA war der Evaluationssieger seiner Klasse und in seinem Artikel „Da ist mehr Latein drin“ führt er zahlreiche Begründungen an, warum das Lehrbuch „Testsieger“ geworden ist[40]. Für Oborski stellt das Lehrbuch eine Verknüpfung der aktuellen Ansprüche des Lehrplans mit den bis heute aktuellen Vorstellungen Comenius‘ dar. Ørberg sei gleichsam zeitgemäß und zeitlos[41].
Die expliziten Ausführungen Oborskis sollen im abschließenden Vergleich unter Kapitel 6 zur Unterstützung meiner Thesen herangezogen werden.

---

[36] Vgl. Focus Publishing/R. Pullins Co. und Miraglia; Brown 2004: Einband.
[37] Vgl. Stroh 2011: Abschnitt C. Neuansätze 1. Schule: Sprechmethode (RWG).
[38] Vgl. dazu: Deutscher Bildungsserver 2011. Bei der Recherche der Datenbank der zugelassenen Lehrbücher in den einzelnen deutschen Bundesländern ist Ørberg nicht zu finden.
[39] Vgl. Stroh 1994a: S. 85.
[40] Vgl. Oborski 2007: S. 208.
[41] Vgl. ebd.: S. 212.

Als zentrale Quelle und Hilfsmittel für das nun folgende Kapitel dient das Lehrbuch an sich sowie das Lehrerhandbuch LATINE DOCEO[42] aus der Reihe LINGUA LATINA PER SE ILLUSTRATA. Es enthält wichtige methodische Hinweise, um erfolgreich mit Ørbergs Lehrbuch zu arbeiten. Wenn das Lehrerhandbuch auch in englischer Sprache und speziell für die englische und italienische Ausgabe von Ørbergs LINGUA LATINA PER SE ILLUSTRATA. FAMILIA ROMANA abgefasst ist, lässt es sich doch ebenso gut durch deutsche Lehrende nutzen, da im Schülerbuch keine andere Sprache als Latein verwendet wird. Somit besteht keine weitere Sprachbarriere, die es zu überwinden gilt.

4.1 Übersicht über die Inhalte der Lektionen

Jede einzelne Lektion in LINGUA LATINA PER SE ILLUSTRATA wird als *capitulum* bezeichnet und mit römischen Zahlen durchnummeriert. Im ersten Band der LINGUA LATINA-Reihe, d.h. FAMILIA ROMANA, sind 35 *capitula* zu finden, die jeweils insgesamt sechs bis zehn Seiten umfassen. Auf diesen Seiten findet man zunächst einen lateinischen Text, der sich mit Inhalten aus dem Alltagsleben einer römischen Familie aus dem zweiten nachchristlichen Jahrhundert beschäftigt. Diese Familie begleitet die Schüler den gesamten Kurs über durch das Buch. Jede Geschichte baut auf der vorherigen auf. Lediglich *capitulum I* ist von den übrigen *capitula* losgelöst. Das erste Kapitel gibt einen Überblick über die Ausdehnung des römischen Reichs und seine Topografie. Jeder Text ist in der Regel in drei *lectiones* unterteilt, die an den römischen Ziffern am Textrand erkannt werden können. Jedes *capitulum* besitzt einen kleinen Grammatik-Kurs, der die neu aufgetauchte Grammatik im Text systematisiert und wiederholt. Abschließend folgen drei *pensa,* die im Schwierigkeitsgrad von *pensum A* zu *pensum C* zunehmen. *Pensum A* befasst sich mit dem richtigen Einsetzen von Kasus- oder Personalendungen mit dem jeweiligen Bindevokal, in *pensum B* müssen in jedem *capitulum* ganze Wörter aus den neuen Vokabeln richtig flektiert eingesetzt werden und *pensum C* prüft schließlich das Textverständnis. Insgesamt ist noch einmal zu erwähnen, dass jedes einzelne, im Lehrbuch vorkommende Wort, lateinisch ist. Zur Unterstützung des Lernens aus dem Kontext, wie es von Ørberg angedacht ist, gibt es am Rand Hinweise in Form von Bildern, „Gleichungen“ oder Wortverwandtschafts-verhältnissen[43]. Es folgt eine tabellarische Übersicht mit den Inhalten der Lektionen.

[42] Ich lehre Latein.
[43] vgl. Miraglia; Brown 2004: S. 9 und 14; vgl. auch den Anhang dieser Arbeit.

Kapitel und Lektionen	**Thema**	**Grammatik-Stoff**	**Übungen**
I. I (Z. 1-22) I. II (Z. 22-61) I. III (Z. 62-83)	IMPERIVM ROMANVM: Kontinente, Städte, Länder, Inseln, Flüsse (**I** und **II**); Zahlen und Buchstaben (**III**)	Nominativ Singular und Plural mit dazugehöriger Kongruenzerscheinung *est – sunt*; Fragewörter (*-ne, num, ubi, quid*); Kardinalzahlen; <u>intuitiv</u>: *in* mit Ablativ (Länge markiert)	A: Kasusendungen der a- und o-Deklination im Singular und Plural, est – sunt B: Einsetzen der neuen Vokabeln, Kongruenz beachten
II. I (1-24) II. II (25-62) II. III (63-92)	FAMILIA ROMANA: Familien- mitglieder (**I**); Sklaven, Mägde, Herkunft (**II**); Dialog über Sklavenanzahl, Bücher (**III**)	Unterscheidung der Genera; Genitiv Singular und Plural; Possessivpronomina (*meus, tuus*); Fragewörter (*quis, quae, qui, cuius, quot*)	A: Kasusendungen der a- und o-Deklination im Nominativ und Genitiv
III. I (1-21) III. II (22-48) III. III (49-82)	PVER IMPROBVS: Dialogform – Streit zwischen den Kindern (**I**), Eltern schreiten ein (**II**), Konsequenzen (**III**)	Akkusativ Singular; Einführung von Verben (a-, e-, ī-Konjugation) in 3. Person Singular Indikativ; Personal-, Interrogativ- und Relativpronomina	A: Kasus- (Nominativ und Akkusativ) und Personalendungen
IV. I (1-43) IV. II (44-98)	DOMINVS ET SERVI: Geld (**I**), Medus bestiehlt Iulius (**II**)	Vokativ Singular; Imperativ und Indikativ (jetzt auch mit konsonantischer Konjugation); Reflexivpronomen (*suus*); *eius/suum*	A: Übung des Vokativ, Imperativ und Indikativ
V. I (1-46) V. II (47-105)	VILLA ET HORTVS: Aufbau der Villa (**I**) und des Gartens (**II**)	Akkusativ Singular (Neutrum) und Plural; Ablativ Singular und Plural mit Präposition, Imperativ und Indikativ (3. Person) Plural; Ablativus separativus	A: Übung der Kasusendungen im Akkustativ und Ablativ; Vokativ und Indikativ Plural

VI. I (1-45) VI. II (46-95)	VIA LATINA: Weg des Iulius mit seinen Sklaven nach Tusculum (**I**), Weg des Medus nach Rom (**II**)	Präpositionen des Akkusativ und Ablativ; Lokativ; Richtungsakkusativ; Ablativus instrumenti; Passiv; *ire;* Komparativsätze	A: Akkusativ- und Ablativendungen (Richtung/Ort)
VII. I (1-29) VII. II (30-60) VII. III (61-104)	PVELLA ET ROSA: Schönheit (**I**), Rückkehr des Iulius (**II**), Begrüßung des Vaters durch die Kinder (**III**)	Demonstrativpronomina *hic, haec, hoc*, Dativ Singular und Plural	A: Dativendungen, oft in Verbindung mit Reflexivpronomen
VIII. I (1-35) VIII. II (36-82) VIII. III (83-133)	TABERNA ROMANA: Schmuckstücke (**I**), die Medus seiner Freundin kaufen soll (**II**) und den Preis verhandelt (**III**)	komplette Deklinationsschemata der Pronomina *is, ea, id; qui, quae, quod; ille, illa, illud*; Ablativus pretii	A: Übung der Pronomina in den verschiedenen Kasus
IX. I (1-38) IX. II (39-86)	PASTOR ET OVES: Arbeit des Hirten (**I**), Wolf-Überfall auf Schafherde (**II**)	komplette Deklinationsschemata der a-, o- und konsonantischen Deklination	A: Übung der Kasusendungen der konsonantischen Deklination
X. I (1-34) X. II (35-73) X. III (74-131)	BESTIAE ET HOMINES: Fortbewegungsarten (**I**) und Lebensweise (**II**) der Menschen und Tiere; Kinder spielen (**III**)	Infinitiv Aktiv und Passiv; *posse*; Konstruktion der Verben mit Infinitiverweiterung; Erweiterung der konsonantischen Deklination	A: Übung der Kasusendungen der konsonantischen Deklination (besonders neue Vokabeln)
XI. I (1-41) XI. II (42-91) XI. III (92-139)	CORPVS HVMANVM: Körperteile (**I**), Arzt untersucht Quintus, der vom Baum gefallen ist (**II** und **III**)	Deklination der Neutra der konsonantischen Deklination; AcI	A: Übung der konsonantischen Neutra; Infinitiv; Struktur des AcI
XII. I (1-35) XII. II (36-91) XII. III (92-142)	MILES ROMANVS: römische Namensgebung (**I**), Ausrüstung eines Soldaten (**II**), Aufbau einer Kaserne (**III**)	Deklination der zwei- und dreiendigen Adjektive; Deklination des Komparativ; u-Deklination; Genitivus partitivus; *ferre*	A: Übung der Kasusendungen der u-Deklination, Komparation

XIII. I (1-45) XIII. II (46-101) XIII. III (102-149)	ANNVS ET MENSES: Monate (**I**), Tageszählung (**II**), Tages-, Nacht- und Jahreszeiten (**III**) → Kalenderwesen	e-Deklination; Indeclinabilia; Superlativ; Ordinalzahlen; *velle*	A: Übung der e-Deklination und des Superlativ
XIV. I (1-32) XIV. II (33-74) XIV. III (75-132)	NOVVS DIES: Tagesablauf der Familie (**I** und **II**); römische Kleidung (**III**)	Interrogativpronomen *uter*; Deklination und Verwendung des Partizip Präsens Aktiv; intuitiv: Ablativus absolutus	A: Übung der Endungen des Partizips
XV. I (1-40) XV. II (41-95) XV. III (96-128)	MAGISTER ET DISCIPVLI: Schüler kommen zu spät (**I**), Marcus wird bestraft (**II**), regulärer Schulalltag (**III**)	Konjugationsschema regelmäßiger und unregelmäßiger Verben (Präsens Indikativ Aktiv); Personalpronomina	A: Übung der aktivischen Personalendungen
XVI. I (1-40) XVI. II (41-95) XVI. III (96-150)	TEMPESTAS: Handelsschifffahrt (**I**), Schiffsbezeichnungen und Himmelsrichtungen (**II**), Verhalten bei Sturm (**III**)	Konjugation der Deponentien; häufiges Auftreten des Ablativus absolutus; *fieri*	A: Übung der Deponentien
XVII. I (1-41) XVII. II (42-87) XVII. III (88-152)	NVMERI DIFFICILES: Zählen (**I**) und Rechnen (**II** und **III**) mit den Zahlen 1 bis 1000	Konjugationsschema des Indikativ Präsens Passiv	A: Übung der Passiv-Endungen
XVIII. I (1-61) XVIII. II (62-118) XVIII. III (119-192)	LITTERAE LATINAE: lateinisches Alphabet (**I**), Schreibübung (**II**), Marcus' Schreibschwierigkeiten (**III**)	Adverbien der zwei- und dreiendigen Adjektive; Komparation der Adverbien; Numeralia	A: Übung der Adverbien sowie deren Komparation
XIX. I (1-58) XIX. II (59-88) XIX. III (89-153)	MARITVS ET VXOR: göttliche Unterstützung der Familie (**I**), Familiengeschichte (**II** und **III**)	Konjugationsschema des Imperfekt (Aktiv und Passiv); Zeitadverbien für Imperfekt	A: Übung der neuen Zeitform Imperfekt

XX. I (1-46) XX. II (47-102) XX. III (103-164)	PARENTES: Kinder aufziehen (**I**), Aemilia und Iulius werden Eltern (**II**), Mitleid mit Seefahrern im Sturm (**III**)	Konjugationsschema des Futur I (Aktiv und Passiv); Zeitadverbien für Futur; verneinter Imperativ mit *noli(te)*	A: Übung der neuen Zeitform Futur I, insbesondere der Formen von *esse*
XXI. I (1-26) XXI. II (27-78) XXI. III (79-149)	PVGNA DISCIPVLORVM: Prügelei (**I**), Erklärungsversuche (**II**), Schul-(miss)erfolge (**III**)	Infinitiv und Konjugationsschema des s-, v-, u-Perfekt (Aktiv/Passiv → Partizip), *esse*; Verhältnis Perfekt – Imperfekt	A: Übung der Perfektformen
XXII. I (1-55) XXII. II (56-121)	CAVE CANEM: Besucher in der Villa (**I**), der Post bringt und vom Hund gebissen wird (**II**)	Supina; Dehnungsperfekt; alle präsentischen Formen von *ferre*	A: Übung der Supina
XXIII. I (1-40) XXIII. II (41-83) XXIII. III (84-155)	EPISTVLA MAGISTRI: Vater empfängt Brief (**I**), bespricht Inhalt mit Aemilia (**II**) und stellt Marcus zur Rede (**III**)	Infinitiv (Aktiv und Passiv) und Partizip Futur	A: Übung des Partizip Futur
XXIV. I (1-51) XXIV. II (52-117)	PVER AEGROTVS: Quintus liegt krank im Bett und lässt sich von Syra über Marcus (**I** und **II**) erzählen	Konjugationsschema des Plusquamperfekt (Aktiv und Passiv), *esse*	A: Übung des Plusquamperfekt
XXV. I (1-41) XXV. II (42-88) XXV. III (89-144)	THESEVS ET MINOTAVRVS: Mythos um Theseus und Minotaurus (Hintergründe, Ausgang)	Imperativ der Deponentien; Gerundium (*ad*+Akkusativ) kommt vor, wird aber erst im nächsten Kapitel eingeführt	A: Übung des Imperativ der Deponentien
XXVI. I (1-31) XXVI. II (32-82) XXVI. III (83-145)	DAEDALVS ET ICARVS: Mythos um Daedalus und Icarus (Hintergründe, Ausgang)	Gerundium (Genitiv, *ad*+Akkusativ, Ablativ), (Futur Imperativ: ausführlich in Kapitel 33)	A: Übung des Gerundium; Stammformen ergänzen

XXVII. I (1-49) XXVII. II (50-114) XXVII. III (115-180)	RES RVSTICAE: Getreide, Anbauorte (**I**), Iulius‘ Weinberg und schlechte Arbeit seines Bauern (**II**), Streit mit Hirten (**III**)	Konjugationsschema des Konjunktiv Präsens (Aktiv und Passiv); Funktionen des Konjunktiv Präsens im Haupt- und Nebensatz	A: Übung der Konjunktiv-Päsens-Formen (Nebensatz); Stammformen ergänzen
XXVIII. I (1-55) XXVIII. II (56-108) XXVIII. III (109-189)	PERICVLA MARIS: Auswirkungen des Unwetters, wer ist dafür verantwortlich? – Jesus oder die römischen Götter?	→ mit Originalpassagen; Konjugations-schema des Konjunktiv Imperfekt (Aktiv und Passiv); Funktion im Nebensatz; Reflexivpronomen *sibi*	A: Übung des Konjunktiv Imperfekt im Nebensatz; Stammformen ergän-zen
XXIX. I (1-59) XXIX. II (60-126) XXIX. III (127-202)	NAVIGARE NECESSE EST: ver-zweifelter Kaufmann will wegen des Verlustes seiner Waren vom Schiff springen (**I**); Kapitän erzählt Mythos von Arion (**II**); Medus gesteht Raub (**III**)	*cum* mit Konjunktiv; indirekter Fragesatz	A: Konjunktionen (*ut, ne*) und passende Konjunktivformen ein-setzen; Stammformen ergänzen
XXX. I (1-38) XXX. II (39-85) XXX. III (86-158)	CONVIVIVM: Begrüßung der Gäste (**I**), Ankündigung des Essens, Ausstattung des Tricliniums (**II**), Essen, Gespräche beim Essen (**III**)	Konjugationsschema des Futur II (Aktiv und Passiv); Multiplikativa	A: Futur II-Formen einsetzen; Stammformen ergänzen
XXXI. I (1-58) XXXI. II (59-131) XXXI. III (132-204)	INTER POCVLA: zweiter Teil der Cena, Thema: Medus, Geschichte von Midas (**I**), Strafe für Medus (**II**), Geschichte von Paris und Helena (**III**)	Gerundivum; Gerundivum + *esse*; Dativus auctoris	A: Übung des Gerundivum mit *esse;* Stammformen ergänzen

XXXII. I (1-59) XXXII. II (60-129) XXXII. III (130-224)	CLASSIS ROMANA: Befreiung von den Piraten (**I**), Verteidigungsstrategien auf dem Schiff, Tauschgeschäfte (**II**), Versöhnung von Medus und Lydia (**III**)	Konjugationsschema des Konjunktiv Perfekt (Aktiv und Passiv); Funktion des Konjunktiv Perfekt	A: Übung der Formen des Konjunktiv Perfekt; Stammformen ergänzen
XXXIII. I (1-47) XXXIII. II (48-104) XXXIII. III (105-192)	EXERCITVS ROMANVS: Zusammensetzung des römischen Heeres (**I**), Brief an Aemilia vom Bruder (**II**), Kriegsgeschehen in Germanien (**III**)	Konjugationsschema des Konjunktiv Plusquamperfekt (Aktiv und Passiv); Imperativ Futur	A: Übung des Konjunktiv Plusquamperfekt und Imperativ Futur; Stammformen ergänzen
XXXIV. I (1-58) XXXIV. II (59-154) XXXIV. III (155-217)	DE ARTE POETICA: bei Cena: Gespräch über Söhne und Kultur-programm (**I**), Zitieren Ovids (**II**) und Catulls (**III**)	Verslehre: lange und kurze Silben, Elision, Versfüße, Hexameter, Pentameter, Hendecasyllabus	A: Lange und kurze Silben markieren, Versfüße einzeichnen
XXXV. I (1-56) XXXV. II (57-221)	ARS GRAMMATICA: Grammatikwiederholung mit Substantiv, Pronomina (**I**), Verb, Adverb, Partizip, Konjunktionen, Präpositionen, Interjektionen (**II**)	Übersicht über alle Deklinationen und Konjugationen	A: Deklinieren; Stammformen ergänzen

4.2 Hinweise zum Arbeiten mit LINGUA LATINA PER SE ILLUSTRATA

Zu den grundsätzlichen Materialien, d.h. LINGUA LATINA PER SE ILLUSTRATA PARS I und PARS II, sind zahlreiche ergänzende Materialien hinzugetreten, die sowohl Schüler als auch Lehrer unterstützen sollen. Miraglias Lehrerhandbuch nennt eine Fülle von Hilfsmitteln, die allesamt zum erfolgreichen Lernen mit LINGUA LATINA PER SE ILLUSTRATA anleiten und zum Erreichen des Ziels dienen sollen. Das Ziel des Lehrwerkes ist kein geringeres als „fluent reading of the classics“[44]. Es ist wiederum kein direktes Ziel, eine Übersetzung im Sinne des typischen Lateinunterrichts anzufertigen, sondern vielmehr ein Verständnis des Textes aufzubauen und – auf der Grundlage dieses Verständnisses – eine Übersetzung im Sinne einer Paraphrase des Textes zu geben. Martinet versteht die klassische Übersetzung als „improbable labor of decoding an incomprehensible text“[45].

Es scheint, dass das Problem des Lateinunterrichts schlechthin gelöst sei. Doch sollte man nicht allzu euphorisch sein, dass es gewissermaßen spielend einfach sei, Latein zu lernen. Sicher verspricht Ørberg, dass die Sprache leichter gelernt werden könne, schränkt jedoch gleichermaßen ein, dass regelmäßige Arbeit an den Texten und der eigenen Lesefähigkeit unbedingt notwendig sei, um lateinischen Klassiker flüssig lesen zu können[46].

Stroh empfiehlt LINGUA LATINA PER SE ILLUSTRATA zwar als Lehrwerk, das geeignet ist, Lateinunterricht auf der Basis der Sprechmethode durchzuführen[47], dennoch ist Lateinsprechen kein unbedingtes Muss, sondern kann eingesetzt werden, um Instruktionen deutlicher zu machen. Guter Unterricht bemisst sich folglich nicht an der Fähigkeit des Lehrers, fließend Latein zu sprechen und dabei korrekte Sätze zu produzieren. Ein Mindestmaß an aktivem Latein soll dadurch gewährleistet sein, dass der Lehrer die Texte akzentuiert und richtig betont vorlesen kann, sodass den Schülern vermittelt werden kann, dass Latein tatsächlich gesprochen wurde[48] und gleichzeitig das Hörverstehen der Schüler geschult wird. Besonders wichtig ist auch, dass die Schüler befähigt werden, Latein vorzulesen. Hierzu muss der Lehrer möglichst zeitig das lateinische Betonungsgesetz einführen und die Betonungsregeln durch Vorlesen von Texten üben[49].

Was die Stundenplanung angeht, so kann man mit LINGUA LATINA PER SE ILLUSTRATA gleichermaßen verfahren wie mit jedem gewöhnlichen Lehrbuch. Der Lehrer muss eine klare Vorstellung vom Stundenziel haben und kontinuierlich darauf hinarbeiten. Weiterhin muss

[44] ebd.: S. 6.
[45] Martinet, zit. in: Miraglia; Brown 2004: S. 6.
[46] Vgl. Miraglia; Brown 2004: S: 8f.
[47] Vgl. Stroh 2011: Abschnitt C. Neuansätze 1. Schule: Sprechmethode (RWG).
[48] Vgl. Miraglia; Brown 2004: S. 12.
[49] Vgl. ebd. S. 12f.

eine methodische Vielfalt gewährleistet sein, die sich insbesondere darin zeigt, dass sich Wiederholungen, Lesepassagen, Diskussionen, Lernspiele und Grammatikunterricht abwechseln. Einen möglichen Stundenablauf mit eben diesen Kriterien verfassten Miraglia und Brown sowie Thomson[50]. Anhand dieser exemplarischen Stundenverlaufspläne können die Phasen einer Unterrichtsstunde nachvollzogen werden, die sich in der eigenen Stundenverlaufsplanung ebenfalls wiederfinden sollten. Thomson empfiehlt, dass die Kapitel in kleineren Etappen gelesen werden sollten, wobei sich der Lehrer an den Unterteilungen in *lectiones* orientieren kann. Eine Lesezeit sollte nicht mehr als 10 Minuten umfassen, die allerdings intensiv zum Lesen und Verstehen genutzt werden sollen. Daraus ergibt sich auch, dass ein Kapitel auf mehrere Unterrichtsstunden ausgedehnt werden muss, um allen Details des Kapitels gerecht zu werden und man mit einiger Sicherheit davon ausgehen kann, dass die Schüler einerseits den Textinhalt und andererseits die Grammatik verstanden haben[51].

Die besondere Bedeutung, die dem Grammatikunterricht durch den Lehrer zugemessen wird, hat auch Ørberg gesehen. Er schreibt, dass viele Lehrer auf die Besprechung der neuen Grammatik in der Muttersprache Wert legen würden. Die Formulierung einer Regel zum Lernen solle jedoch von jedem Schüler für sich selbst erfolgen[52]. Um die Unsicherheit über das Verstehen oder Nicht-Verstehen eines neuen Wortes oder einer grammatikalischen Form zu beseitigen, empfiehlt Ørberg das Stellen einer gezielten Frage nach ihr. Wenn die Schüler zielgerichtet die Antwort sagen oder die richtige Stelle im Lehrbuch finden, könne der Lehrer davon ausgehen, dass die Schüler sowohl die lateinische Frage als auch das neue Wort bzw. grammatisches Phänomen verstanden hätten[53].

Insgesamt zeichnet sich besonders deutlich ab, dass das Lernen mit Ørbergs LINGUA LATINA PER SE ILLUSTRATA zu einem großen Teil mündlich erfolgt, aber auch schriftliche Teile, wie beispielsweise die Erledigung von Hausaufgaben, eingebunden werden. Die mündliche Arbeit entspricht den didaktischen Zielen der direkten Methode und fördert den Abbau von Ängsten, in der Klasse zu kommunizieren und aktiv mitzuarbeiten.

---

[50] Vgl. ebd.: S. 17ff. und 43ff.
[51] Vgl. ebd.: S. 17.
[52] Vgl. Ørberg, zit. in: Miraglia; Brown 2004: S. 42.
[53] Vgl. ebd.: S: 42.

5 Anforderungen des sächsischen Lehrplans

Damit in Kapitel 6 ein sinnvoller Vergleich angestellt werden kann, müssen valide Vergleichskategorien gefunden werden. Hierzu dient der sächsische Lehrpan. Damit ein Lehrbuch zu einem zugelassenen Lehrbuch werden kann, muss zunächst gesichert sein, dass die zu vermittelnden Inhalte sowie die Ziele des Lateinunterrichts, die der Lehrplan fordert, mit dem einzuführenden Buch abgedeckt werden können.

Die Lehrplananalyse soll sich auf „Latein als (vorgezogene) zweite Fremdsprache" beziehen. Die Spracherwerbsphase, die durch die intensive Nutzung eines Lehrbuches gekennzeichnet ist, liegt hier in den Klassenstufen 5 bis 8/1 bei „Latein als vorgezogene zweite Fremdsprache" bzw. in den Klassenstufen 6 bis 8 bei „Latein als zweite Fremdsprache".

5.1 Bildungsziele des Lateinunterrichts

Im Folgenden sollen die intendierten Bildungsziele einerseits auf der Grundlage des sächsischen Lehrplans andererseits auf der Grundlage der Überzeugungen der altsprachlichen Fachdidaktik näher beleuchtet werden.

5.1.1 Bildungsziele im Rahmen des sächsischen Lehrplans

Der sächsische Lehrplan klassifiziert Latein als „Basissprache Europas"[54]. Latein trägt somit erheblich zur Allgemeinbildung bei, was schon als allgemeines Ziel des Gymnasiums im Lehrplan formuliert ist[55]. Ebenso ist es Ziel des Gymnasiums, wissenschaftspropädeutisch zu sein, d.h. grundlegende Kenntnisse, die für Studium und Forschung benötigt werden, zu vermitteln. Latein beansprucht die Verwirklichung dieser Zielsetzung in besonderem Maße, da durch das „für den Lateinunterricht typischen textbezogenen Arbeitsverfahren und dem systematischen und kritischen Umgang mit Informationen [...] [sowie] der systematischen Analyse sprachlicher Strukturen"[56] Grundlagen im Bereich der Studierfähigkeit gelegt werden. Zudem vertieft „die aktive Auseinandersetzung mit sprachlichen Ausdrucksformen [...] das Verständnis gerade auch der deutschen Sprache"[57].

Daraus ergeben sich die im Lehrplan beschriebenen fachlichen Ziele: „*Entwicklung der Fähigkeit zum Beobachten und Beschreiben sprachlicher Sachverhalte*"[58]. Dieses Ziel bein-

[54] Sächsisches Ministerium für Kultus und Sport 2004: S. 2.
[55] Vgl. ebd.: S. VIII.
[56] Sächsisches Ministerium für Kultus und Sport 2004: S. 2.
[57] ebd.: S. 2.
[58] ebd.: S. 3.

haltet besonders den didaktischen Grundsatz der Textorientierung, der besagt, dass der Inhalt, die Aussageabsicht und der Kontext lateinischer Texte im Vordergrund stehe und dies alles konsequent an der deutschen Sprache auszurichten sei. Anhand der Texte sei auch zu gewährleisten, dass sprachliche Sachverhalte mit dem Rückgriff auf vorhandene Sprachpotentiale erkannt und beschrieben werden können[59].

Die nächst höhere Ebene des Erkennens und Beschreibens ist die „*Entwicklung der Fähigkeit zur Analyse und Synthese*“[60], aus der sich wiederum die „*Entwicklung der Fähigkeit zum Diskurs, zur Verifikation und zum Transfer*“[61] herausbildet. Beide Fähigkeiten zielen auf eine umfassende Betrachtung des Mediums ‚Text' ab und regen zur Anwendung von Problemlösestrategien an, was sich wiederum in den didaktischen Prinzipien „Problem- und Modellorientierung“ sowie „Prozess- und Ergebnisorientierung“[62] niederschlägt.

Die Prinzipien der Handlungs- und Anwendungsorientierung beinhalten, dass Lateinunterricht insbesondere bei der Erarbeitung neuer Phänomene induktiv vorgehen und nach vielfältigen Möglichkeiten der vertiefenden Anwendung suchen sollte[63].

Auffällig ist, dass grundsätzlich eine Orientierung an der Zielsprache gefordert ist und so der Eindruck entsteht, dass Latein lernen ausschließlich aus dem Analysieren und „Zerstückeln“ von Sätzen und Satzteilen besteht, ohne dass auf das Gesamtbild des lateinischen Textes geachtet wird, da die proklamierte Textorientierung schließlich doch nur ein kleinschrittiges Vorgehen am Text darstellt. Dies ist besonders anhand der geforderten Mehrschrittigkeit der Textarbeit, die eine Übersetzung oder wenigstens eine Paraphrase zum Ziel hat[64], nachzuweisen. Auf verstehendes Lesen wird im Lehrplan nur randständig unter der Bezeichnung „sinnerfassendes Lesen/Hören“[65] eingegangen.

5.1.2 Bildungsziele aus dem Blickwinkel der Fachdidaktik

Dadurch dass der Lehrplan ein Dokument ist, das auf fachdidaktischen Grundlagen fußt, herrschen keine grundlegenden Unterschiede zwischen den Bildungszielen des Lehrplans und denen aus fachdidaktischer Sicht vor. Die Ziele des Lateinunterrichts, die – kurzgefasst – „Sprachwissen, Sprach- und Textreflexion und inhaltliche Begegnung mit der antiken Kultur“[66] umfassen, haben bis heute nichts an ihrer Gültigkeit verloren, sodass sie in einer ausdif-

---

[59] Vgl. ebd.: S. 3, S. 6.
[60] ebd. S. 3
[61] ebd. S. 3.
[62] ebd.: S. 6.
[63] Vgl. ebd.: S. 6.
[64] Vgl. ebd.: S. 6.
[65] ebd.: S. 18.
[66] Glücklich, zit. in: Kipf 2006: S. 244.

ferenzierten Formulierung auch im aktuellen Lehrplan zu finden sind. Aus diesen drei Zielen ergeben sich die Ansätze zur Begründung, warum Latein als „tote Sprache“ weiterhin gelernt werden soll. Allgemein kommt man zu dem Schluss, dass Latein zum Nachdenken über Sprache veranlasst und somit eine kontrastierende Position zu den neuen Sprachen einnimmt und einnehmen soll, wodurch auch klar wird, dass die lateinische Sprache als Analyseobjekt gesehen wird[67].

Kontrovers hingegen ist, auf welche Art und Weise Sprachwissen und Sprachreflexion zu erfolgen haben: Gegensätzliche Positionen vertreten Glücklich, der für eine Kombination von Lektüre von (Original-)Texten und Grammatikunterricht plädiert und somit Grammatik anhand von Lektürestücken gelernt wird[68], und Hartmut von Hentig, der eine aufeinander aufbauende Folge von reinem Sprach- und Lektüreunterricht für sinnvoll hält[69].

Die Auseinandersetzung mit der römischen Kultur findet in der Regel anhand der ausgewählten Lehrbuch- bzw. Lektüretexte statt und verbindet somit Sachkunde mit Textverstehen[70]. Der Lektüreunterricht zielt demzufolge darauf ab, dass die Schüler das Spektrum der antiken Werte und Normen kritisch reflektieren und dazu Stellung nehmen[71]. Durch die Einflechtung der Aspekte der römischen Lebenswelt in die Lehrbuchtexte, die in künstlichem „Schul“-Latein geschrieben sind, wird gewährleistet, dass die oben genannten Ziele von Begegnung mit der antiken Kultur mit dem Erwerb von Sprachwissen sowie Sprach- und Textreflexion verwoben werden. All dies trägt dazu bei, dass die Spracherwerbsphase nicht nur durch Grammatik dominiert wird, sondern Latein anhand antiker Lebenswelt gelernt wird und so eine attraktivere Lernumgebung geschaffen wird.

5.2 Vorgaben des Lehrplans (Lernbereiche)

In diesem Abschnitt soll näher auf die expliziten Vorgaben des Lehrplans in Bezug auf Inhalte und Grammatikthemen eingegangen werden. Die allgemeinen fachlichen Qualifikationen haben weiterhin Bedeutung, jedoch werden jetzt konkretere Aussagen des Lehrplans zum Lateinunterricht behandelt. Der Fokus liegt auch hier wieder auf „Latein als zweite Fremdsprache“ bzw. auf „Latein als vorgezogene zweite Fremdsprache“.

---

[67] Vgl. Deutscher Altphilologenverband, zit. in Kipf 2006: S. 251.
[68] Vgl. Glücklich, zit. in: Kipf 2006: S. 246 sowie Kipf 2006: S.257.
[69] Vgl. von Hentig, zit. in: Kipf 2006: S. 252.
[70] Vgl. Kipf 2006: S. 275.
[71] Vgl. Clasen 1971: S. 18.

Der Lehrplan gibt vor, dass während der Spracherwerbsphase jeweils ein Wahlpflichtthema pro Schuljahr über insgesamt zwei Wochen behandelt werden soll. Dabei ist darauf zu achten, dass die Wahlpflichtthemen nicht in Konkurrenz mit den Zielen und Inhalten der vorangehenden Lernbereiche 1 (fachbezogene Grundlagen) und 2 (linguistische Grundlagen) stehen[72]. Die Wahlpflichtthemen decken zusammen mit Lernbereich 3 den Bereich der antiken Sach- und Realienkunde ab.

Die Lernbereiche 1 und 2 decken die Bereiche der Sprach- und Methodenkompetenz ab. Lernbereich 1 befasst sich mit den fachbezogenen Strategien, die notwendig sind, um mit einem lateinischen Text arbeiten zu können. Es werden Dekodierungsverfahren angesprochen, die dazu dienen sollen, den Textinhalt durch Analyse des Textumfeldes und durch Hypothesenbildung einfacher erschließen und verstehen zu können[73]. Weiterhin sind Interpretationsverfahren von Bedeutung, bei denen einerseits durch die Untersuchung der grammatischen Phänomene eines Textes Informationen zum Textaufbau gewonnen werden sollen andererseits auch die Analyse der sprachlichen Gestaltung zur Wahrnehmung semantischer Schwerpunkte führen soll[74]. Schließlich soll auch eine Einordnung der herausgelösten Textelemente in den Textzusammenhang erfolgen und der Text als Texttotum begriffen werden[75]. Ein weiterer Punkt ist die Anwendung von Rekodierungsverfahren, d.h. Paraphrase oder Übersetzung[76]. Wenn gleich dies in einem kurzen Satz formuliert werden kann, stellt es doch das typische und weitgehend praktizierte Verfahren des Lateinunterrichts dar.

Außerdem geht es um das Beherrschen von Strategien, die zum Erwerb und zur Reflexion von Sprache benötigt werden. Hierzu zählen Lerntechniken, aber auch Techniken zur Selbstevaluation, Übertragungsfähigkeiten von Lerninhalten anderer Fächer auf den Lateinunterricht sowie Sprachverarbeitungsstrategien beim Lesen oder Hören[77].

Der Lernbereich 2 befasst sich mit linguistischen Grundlagen, d.h. grundsätzlichen Fähigkeiten zum Spracherwerb im Sinne des Grammatik-Lernens. Zusammen mit den zu erwerbenden Fähigkeiten aus dem Lernbereich 1 bildet er die Grundpfeiler des Lateinunterrichts.

Laut Lehrplan sind Kenntnisse bezüglich der Aussprache, Betonung, Lautlehre sowie die Prinzipien des Lautwandels notwendig. Weiterhin wird auf den Erwerb und die Anwendung eines Grundwortschatzes verwiesen sowie auf die Vermittlung bzw. Vertiefung der metasprachlichen Kompetenz. Dazu zählen insbesondere die Kenntnis der Kasusfunktionen, der

---

[72] Vgl. Sächsisches Ministerium für Kultus und Sport 2004: S. 4.
[73] Vgl. ebd.: S. 14f.
[74] Vgl. ebd.: S. 16.
[75] Vgl. ebd.: S. 16.
[76] Vgl. ebd.: S. 17.
[77] Vgl. ebd.: S. 17f.

satzwertigen Konstruktionen und der Funktionen der Tempora und Modi sowie das Erkennen und Umsetzen der verschiedenen Sinnrichtungen in Nebensätzen[78]. Weiterhin sind auch sichere morphologische Kenntnisse im Bereich der Verben, Substantive, Adjektive, Adverbien, Numeralia und Pronomina von Bedeutung[79], um zum oben genannten Zweck des Lateinunterrichts zu gelangen – der Rekodierung des Textinhalts in die Zielsprache Deutsch.
Zur inhaltlichen Unterfütterung der eben formulierten Vorgaben der Lernbereiche 1 und 2 dienen zum einen die Inhalte des Lernbereichs 3, der Aspekte des antiken Lebens und Arbeitens aufgreift. Es werden politische, gesellschaftliche und historische Strukturen und Ereignisse beleuchtet, um einen umfassendes Bild der antiken Kultur zu bekommen[80]. Mit dieser Vorgabe des Lehrplans soll vor allem bewirkt werden, dass kein einseitiges – militantes – Bild der Römer entsteht, wie Kipf es 2010 in seinem Aufsatz zum Römerbild in den Lehrbüchern beschreibt[81]. Der Lehrer ist dazu angehalten, eine Ausgewogenheit der sachkundlichen Themen im Unterricht herbeizuführen. Die Ausweitung der sachkundlichen Themen von einer militär-zentrierten Perspektive auf Multiperspektivität (Kunst, Kultur, Alltagsleben) ist besonders dahingehend vorteilhaft, als dass auch zunehmend mehr Mädchen für den sachkundlichen Lateinunterricht gewonnen werden können, als wenn nur der Bereich Militär behandelt würde. Zum anderen ergänzen die Wahlpflichtbereiche inhaltlich die Themen des Lernbereichs 3 und erweitern diesen. Es werden die Themen Spiele, Landleben, Ernährung, Kunst, Bildung, Religion, Stadtstruktur, Kleidung und Germania Romana genannt[82]. Ziel ist eine vertiefte Auseinandersetzung mit der römischen Kultur, wobei offensichtlich das Augenmerk nicht auf dem Militärwesen liegt, sondern ein breit gefächertes Angebot an Themen gemacht wird.

---

[78] Vgl. ebd.: S. 19f.
[79] Vgl. ebd.: S. 20.
[80] Vgl. ebd.: S. 21f.
[81] Vgl. Kipf 2010.
[82] Vgl. Sächsisches Ministerium für Kultus und Sport 2004: S. 21.

6 Vergleichende Betrachtung in den Kategorien:

6.1 Inhaltsebene

Zum Vergleich auf der Inhaltsebene werden die Anforderungen aus dem Kapitel 5 herangezogen. Die Erfüllung der allgemeinen Bildungsziele wird in diesem Vergleich ebenso geprüft wie die Erfüllung des Lernstoffes in den drei Lernbereichen. Der Vergleich wird entsprechend der Aufarbeitung in Kapitel 5 erfolgen.

Die *„Fähigkeit zum Beobachten und Beschreiben sprachlicher Sachverhalte"*[83] wird durch das Lesen und Verarbeiten des Textpensums erworben. Indem der Schüler die entsprechenden Passagen liest, beobachtet er den Aufbau der lateinischen Sprache und lernt ihn damit kennen. Die Beschreibung der sprachlichen Sachverhalte wird dadurch initiiert, dass der Schüler über das Gelesene reflektiert, Fragen stellt und auch Fragen seitens des Lehrers beantwortet. Durch Ørbergs Anregung, dass der Schüler seine eigene Regel zu einer grammatischen Erscheinung formuliert[84], wird die Fähigkeit der Beschreibung eines sprachlichen Sachverhalts wiederum gestärkt. Die große Textmenge führt weiterhin dazu, dass eine häufigere Umwälzung der neuen Vokabeln und Konstruktionen geschieht und der Schüler demnach viel häufiger mit sprachlichen Sachverhalten konfrontiert wird, die er mit der Hilfe des Lehrers bewältigen und somit die Fähigkeit zum Umgang mit sprachlichen Sachverhalten besser ausbilden kann.
Der *„Fähigkeit zur Analyse und Synthese"*[85] wird in Ørbergs Lehrbuch nur eine untergeordnete Rolle zugewiesen. Übungen zur Schulung der Analysefähigkeit findet man zwar auch in LINGUA LATINA PER SE ILLUSTRATA, diese dienen jedoch nicht der Vorarbeit zum Verständnis eines Textes, sondern zur Nacharbeit und der Vertiefung des Verständnisses. Die Analyse grammatischer Formen oder Phänomene dient nicht zur Erstellung einer Übersetzung, sondern wird bei Ørberg in die *pensa* verlegt, um den gelernten Stoff aus dem Text anzuwenden.
Die Schulung zur *„Fähigkeit zum Diskurs, zur Verifikation und zum Transfer"*[86] erkennt man einerseits in *pensum C*, wo der inhaltliche Zusammenhang des Textes abgefragt wird und der Lehrer so in eine Diskussion überleiten kann, inwiefern beispielsweise das Thema des Kapitels heute noch bedeutend ist. Andererseits kann auch im Anschluss an die Lesephase eine Diskussion über den gelesenen Abschnitt erfolgen und so gleichzeitig das Leseverständnis geprüft werden. Dabei sollte eine kritische Reflexion der behandelten antiken Werte und

[83] Sächsisches Ministerium für Kultus und Sport 2004: S. 2.
[84] Vgl. Ørberg, zit. in: Miraglia; Brown 2004: S. 42.
[85] Sächsisches Ministerium für Kultus und Sport 2004: S. 3.
[86] ebd.: S. 3.

Normen erfolgen. Außerdem sind auch klassische Interpretationsaufgaben denkbar, die vorher vom Lehrer konzipiert werden müssen. Im Bereich der Interpretationsaufgaben lassen Ørberg, Miraglia, Brown und Thomson einen deutlichen Freiraum für den Lehrer.

Dem Ziel der Orientierung des Lateinunterrichts an der Zielsprache Deutsch kann auch mit Ørberg Rechnung getragen werden. Die Zielsprachenorientierung meint zwar im engeren Sinne eine Übersetzung, die Ørberg allerdings nicht als übergeordnetes Ziel anstrebt. Wie jedoch schon ausgeführt wurde, lehnt Ørberg eine Übersetzung nicht kategorisch ab und somit muss die Übersetzung nicht aus dem Unterricht verschwinden. Lediglich die Herangehensweise an eine Übersetzung ist verschieden. Die Übersetzung oder Paraphrase ist nach Ørbergs Methode ein Mittel zur Selbstkontrolle des eigenen Leseverständnisses und deshalb keine mühselige Angelegenheit mehr[87]. Je nach Vorlieben des Lehrers aber auch der Schüler können auch Grammatik-Phänomene auf Deutsch erklärt bzw. wiederholt werden, um der Zielsprachenorientierung zu folgen.

Besonders leicht können mit der Verwendung von Ørbergs Lehrbuch „Sprachverarbeitungsstrategien beim Lesen und Hören“[88] erlernt und vertieft werden, da der Unterricht mit diesem Lehrbuch auf Kommunikation und Lesen aufbaut. Miraglia und Thomson verweisen auf den Nutzen des Vorlesens durch den Lehrer und das anschließende (laute) Lesen durch die Schüler[89]. Je nach Lerntyp bewirkt die mehrfach laute Wiederholung des Textpensums besseres Einprägen und aktiviert das Verständnis.

Bezüglich der linguistischen Grundlagen, die im Lernbereich 2 verankert sind, weist Ørberg kaum Defizite auf. Auf diese möglichen Defizite soll in Kapitel 6.4 eingegangen werden. Kenntnisse in Aussprache, Betonung und Lautlehre können durch Ørberg abgedeckt werden. Hier ist nicht zuletzt die Markierung der Quantitäten der Vokale zu nennen. In jedem Kapitel ist jedes Wort mit seinen Längenmarkierungen abgedruckt. Dies ist besonders wichtig, um Wörter, die man ohne Quantitäten verwechseln würde, unterscheiden zu können (malum – mālum[90]; est – ēst[91]). Auch für das richtige Vorlesen ist die Markierung der Quantitäten wichtig. Wenn es auch nicht oberste Priorität ist, Latein zu sprechen, so ist es dennoch wichtig, den Text korrekt vorzulesen[92]. Dazu muss der Lehrer frühzeitig auch das lateinische Betonungsgesetz einführen, welches zwar nicht explizit in LINGUA LATINA PER SE ILLUSTRA-

[87] Vgl. Martinet, zit. in: Miraglia; Brown 2004: S. 6.
[88] Sächsisches Ministerium für Kultus und Sport 2004: S. 18.
[89] Vgl. Miraglia; Brown 2004: S. 18f.
[90] *mālum* (der Apfel) wird in *capitulum* 7 eingeführt; *malum* (schlecht) ist seit *capitulum* 6 bekannt.
[91] *ēst* (er/sie/es i<u>ss</u>t) wird in *capitulum* 9 eingeführt; *est* (er/sie/es i<u>s</u>t) ist seit *capitulum* 1 bekannt.
[92] Vgl. Miraglia; Brown 2004: S. 12.

TA aufgeführt und erläutert ist, aber aufgrund der Zielsetzung des Lehrbuchs einfach eingefügt werden kann und sollte. Ørberg formuliert im Schülerhandbuch LATINE DISCO[93] eine weniger konfuse „Regel" zum lateinischen Betonungsgesetz, die folgendermaßen lautet: „The penultimate is accented unless it ends in a short vowel, in which case the antepenultimate is accented"[94]. Welche Aussprache die Schüler lernen – ob klassisch im *pronuntiatus restitutus* oder in der spätlateinischen Aussprache – hängt von den Vorlieben des Lehrers ab, Grundvoraussetzung ist jedenfalls die Fähigkeit des Lehrers, die Regeln der lateinischen Betonung und Aussprache selbst zu beherrschen[95].

Der Erwerb eines soliden Grundwortschatzes kann Ørberg zweifelsfrei zugesprochen werden. Der gesamte Kurs (LINGUA LATINA PER SE ILLUSTRATA. FAMILIA ROMANA und ROMA AETERNA[96]) umfasst zusammen über 3500 Vokabeln in 56 Kapiteln auf über 700 Seiten. Die gelernten Vokabeln stimmen mit den am häufigsten verwendeten lateinischen Vokabeln überein[97]. Oborski schätzt die Zahl der gelernten Vokabeln in Teil 1 (FAMILIA ROMANA) auf ca. 1700 und veranschlagt zwei Jahre Lernzeit. Insgesamt seien das im Vergleich zu herkömmlichen Lehrbüchern mehr Vokabeln und mehr Textpensum, was darüber hinaus noch in kürzerer Zeit gelernt werden könne[98]. Loyd schätzt den benötigten Lernzeitraum ähnlich ein. Ihm zufolge brauche man für FAMILIA ROMANA im schulischen Kontext ca. 1,5 bis zwei Jahre[99]. FAMILIA ROMANA ist demzufolge gut für die Spracherwerbsphase geeignet und kann diese ggf. schneller abschließen, um zur wirklichen Lektüre der Klassiker zu kommen.

Zum Erwerb einer metasprachlichen Kompetenz ist zu sagen, dass auch dies in Ørbergs Lehrbuch nicht vernachlässigt wird. Wichtige Kasusfunktionen, wie beispielsweise die Richtungsangabe des Akkusativ, die Ortsangabe des Ablativ, der Dativ des Urhebers, und die Funktionen von Genitiv und Ablativ zur Angabe des Maßes, Preises oder des Wertes werden gelehrt. Die Kasusfunktionen werden nicht nur einmalig eingeführt, sondern auch in regelmäßigen Abständen in den Kapiteln wiederholt[100]. Die satzwertigen Konstruktionen *AcI* und *Ablativus absolutus* tauchen ebenfalls vergleichsweise zeitig im Lehrbuchtext auf und werden in verschiedenen Lektionen wiederholt, zumal diese Konstruktionen den Schüler in der fortschreitenden Lektüre sehr häufig begegnen werden. Die verschiedenen Sinnrichtungen der Nebensätze, die sich aus dem *Ablativus absolutus* und *Participium coniunctum* ergeben,

---

[93] Ich lerne Latein.
[94] Ørberg, zit. in: Miraglia; Brown 2004: S. 13.
[95] Vgl. Miraglia; Brown 2004: S. 12.
[96] Das ewige Rom.
[97] Vgl. ebd.: S. 4 und S. 9.
[98] Vgl. Oborski 2007: S. 209.
[99] Vgl. Loyd 1987: S. 22.
[100] Vgl. Miraglia; Brown 2004: S. 23ff.

werden hingegen nur unzureichend behandelt. Ørberg greift hauptsächlich über die Nutzung der Randnotizen auf die Auflösung des Partizips in einen temporalen Nebensatz zurück[101]. Neben den Kasusfunktionen und satzwertigen Konstruktionen werden auch die Funktionen der Tempora und Modi behandelt. Bis zum Ende des ersten Teils von LINGUA LATINA PER SE ILLUSTRATA haben die Schüler alle Tempora und Modi mit ihren Funktionen kennen gelernt. Sie beherrschen die Konjugationsschemata aller Konjugationen, die über die Kapitel hinweg aufgebaut worden sind. Anhand dieser Schemata können auch die morphologischen Kenntnisse der Schüler nachvollzogen werden, die nicht nur die Verben, sondern auch Substantive, Adjektive, Adverbien, Numeralia und Pronomina umfassen. Diese alle wurden im Verlauf des ersten Teils des Lehrbuchs behandelt[102] und können im Anhang des Lehrbuchs eingesehen werden[103].

Die Untersuchung der Inhaltsebene soll mit der Analyse des Bereichs der Sach- und Realienkunde gemäß den Vorgaben des Lernbereichs 3 abschließen. Miraglia und Brown bezeichnen Ørbergs Lehrbuch als einen lateinischen Roman, der fortlaufend eine römische Familie begleitet[104]. Es werden Themen behandelt, die sowohl typisch für die Zeit sind, in der die römische Familie lebte, aber nichtsdestoweniger auch Verknüpfungen zur Lebenswelt der Schüler aufweisen. Daher gehen Miraglia und Brown davon aus, dass es mit der Unterstützung des Lehrers gelingt, dass die Schüler lateinische Texte lesen und verstehen können und so die Grundlage für die Lektüre der Klassiker gelegt wird[105].

Eine Zentrierung auf das Militärwesen ist in Ørbergs Lehrbuch nicht zu finden. Lediglich 3 von 35 Lektionen befassen sich mit dem Militärwesen. Ørberg legt seinen Fokus eher auf gesamtgesellschaftliche Aspekte. Er gibt ausführliche Einblicke in die Familie, die Schulbildung, die Religion, das Landleben und die Arbeit auf dem Land. Bei der Behandlung der Mythen in den Kapiteln 25 und 26 erzählt Ørberg klassische Geschichten aus der Antike und verbindet somit gesellschaftliche Denkweisen mit Historie. Historische Gesichtspunkte werden in FAMILIA ROMANA nur randständig behandelt. Es gibt in Kapitel 32 Verweise auf die Piraten, denen Pompeius seinerzeit Einhalt gebieten konnte. Außerdem wird das Aufkommen des Christentums und dessen Koexistenz zum Mehrgötterglauben der Römer behandelt. Die damit verbundenen Verfolgungen werden jedoch nicht thematisiert. In ROMA AETERNA wird

[101] Vgl. Ørberg 2009: S. 123.
[102] Vgl. dazu auch „4. 1 Übersicht über die Inhalte der Lektionen" in dieser Arbeit: S. 13ff.
[103] Vgl. Ørberg 2009: S. 307ff.
[104] Vgl. Miraglia; Brown 2004: S. 9.
[105] Vgl. ebd.: S. 9.

aufgrund der Nähe zur Originallektüre eher und häufiger auf geschichtliche Aspekte eingegangen.

FAMILIA ROMANA bietet aufgrund seiner thematischen Ausgewogenheit auch Stoff für die Wahlpflichtbereiche an und kann deshalb problemlos zur Bearbeitung der Wahlpflichtbereiche eingesetzt werden. Die Verwendung zusätzlichen Materials ist dennoch wünschenswert, um den Horizont der Schüler zu erweitern oder einen bestimmten Fokus auf ein Thema zu legen, welches im Lehrbuch nicht ausführlich behandelt wird.

6.2 Darstellungsebene

In diesem Abschnitt sollen die Wirkungen des Layouts und der Hauptpersonen von LINGUA LATINA PER SE ILLUSTRATA beschrieben und beurteilt werden und inwiefern dies hilfreich für das Lernen der Sprache ist.

6.2.1 grafische Aufbereitung

Ungewöhnlich puristisch erscheint Ørbergs Lehrbuch zunächst: im Vergleich zu gewöhnlichen Lehrbüchern verzichtet Ørberg auf Farben. Ørberg entscheidet sich für ein Schwarz-Weiß-Design, das sich in den Zeichnungen oberhalb der Lektionstexte und in den Marginalien wiederfindet. Jede Lehrbuchseite ist geteilt: ⅔ nimmt der Lektionstext ein, ⅓ wird von den Randbemerkungen eingenommen, die im Kapitel neu eingeführte Vokabeln oder neue Grammatik erklären. Leicht verständliche und wiederkehrende Symbole erleichtern den Schülern das Lernen. Vokabeln werden entweder durch Textumschreibungen, durch die Anzeige von Synonymen (mit =), Gegenteilen (mit ↔), der Wortverwandtschaft (mit <) oder durch kleine Zeichnungen eingeführt und veranschaulicht. So werden verschiedene Lerntypen berücksichtigt. Schüler bewerten die genannten Faktoren des Layouts als besonders hilfreich, besonders dahingehend, dass nur das auf den Lektionsseiten auftaucht, was auch gerade gebraucht wird und man nicht durch überflüssige Bilder abgelenkt wird[106]. Anhand der Einschätzungen und Empfehlungen seitens der Schüler wird deutlich, dass sie mit dem Lehrbuch zufrieden sind[107].
In den vorhergehenden Ausführungen habe ich bereits darauf hingewiesen, dass die Quantitäten der Vokale im Lehrbuch durch einen horizontalen Strich über dem betreffenden Vokal markiert sind, sodass die Schüler auch eine Hilfe im Lesen erhalten. Ebenso werden aus Gründen der Lesbarkeit Interpunktionszeichen gesetzt. Die Schrift des Lektionstextes, des

[106] Vgl. Schülerbewertungen in Oborski 2007: S. 215.
[107] Vgl. ebd.: S. 214f.

Grammatikteils und der Übungen ist ausreichend groß und durch die Verwendung einer Serifen-Schrift (Times New Roman) gut lesbar.

6.2.2 positive Identifikationsfiguren

Die Schulbuchzulassungsverordnung Sachsens sieht für die erfolgreiche Zulassung eines Schulbuches neben der inhaltlichen Passung mit dem Lehrplan, der angemessenen grafischen Aufbereitung, der Orientierung an fachwissenschaftlich gesicherten Kenntnissen, die Übereinstimmung mit dem Grundgesetz auch Altersgemäßheit und das Vorhandensein positiver Identifikationsmöglichkeiten für Mädchen und Jungen vor[108].

Im Lehrbuch dreht sich alles um die Mitglieder einer römischen Familie. Iulius ist der Vater der Familie und stammt selbst aus einer wohlhabenden Familie. Seine Ehefrau Aemilia stammt hingegen aus einer ärmeren Familie, dennoch haben sie und Iulius aus Liebe geheiratet, was nicht unbedingt der typisch römischen Praxis entspricht. Sie haben drei Kinder: zwei Jungen namens Marcus und Quintus und eine Tochter mit dem Namen Iulia. Marcus und Quintus sind aufgeweckte Kinder und ungefähr im gleichen Alter wie die Schüler, die gerade beginnen, Latein zu lernen. Schon hier wird deutlich, dass eine starke Identifikation der Schüler mit den Protagonisten im Lehrbuch erfolgen kann. Iulia, das jüngste Kind der Familie, sorgt sich trotz ihres jungen Alters um ihre Schönheit und bildet so auch mögliche Probleme der Mädchen in der Klasse ab. Besonders die Sklavin Syra ist für die Erziehung der Kinder verantwortlich. Ihre Tipps für die Kinder beugen der Gefahr vor, dass sich die Kinder im Lehrbuch und dann auch die Schüler in verschobenen Wertvorstellungen „verrennen", und helfen, die bestehenden Vorstellungen kritisch zu hinterfragen. Ein weiterer Sklave des Haushalts des Iulius und der Aemilia ist Medus. Er ist keine „Vorzeige-Person", da er seinen Hausherrn bestiehlt, das Geld als sein eigenes ausgibt und davon für seine Freundin ein Geschenk kauft. Hier zeigt sich, dass im Lehrbuch keine „Heile-Welt-Atmosphäre" aufgebaut wird, sondern die Familie mit allerlei Schwierigkeiten zu kämpfen hat. Dazu zählen unzuverlässige Sklaven, Unfälle und Disziplinprobleme der Jungen in der Schule aber auch Streit der Eltern. Am Ende steht jedoch eine begründete Versöhnung, deren Zustandekommen aber durch die kritische Reflexion durch die Schüler durchaus hinterfragt werden kann. Unter Umständen kommen die Schüler zu einem anderen Ergebnis. Die Ereignisse innerhalb des Buches dienen somit auch der Persönlichkeitsbildung der Schüler, die auch als Ziel im Lehrplan formuliert ist[109].

---

[108] Vgl. Sächsisches Staatsministerium für Kultus 1997: §4 Zulassungsvoraussetzungen.
[109] Vgl. Sächsisches Staatsministerium für Kultus und Sport 2004: S. 2.

6.3 Didaktische Zielsetzung

Das „flüssige Lesen der Klassiker"[110] ist ein wünschenswertes Ziel, aber nicht im Lehrplan formuliert. Ein möglicher Grund dafür ist wohl die pessimistische Einstellung über die Wahrscheinlichkeit, dieses durchaus hochgesteckte Ziel zu erreichen. Wenn aber mit der Verwendung der ørbergschen Methode Erfolge nachgewiesen werden können, wie es beispielsweise in den USA der Fall ist, so kann man zu der Annahme kommen, dass die Verwendung der Lehrbücher und Lehrmethode Ørbergs dazu führt, dass die Klassiker flüssig gelesen werden können und somit ein Ziel erreicht würde, was zwar nicht mehr im Lehrplan verankert ist, aber keinesfalls ein minderwertiges Ziel ist.

Dadurch dass der Lehrplan Freiheit in der Wahl der Lehrmethode gewährt, besteht keine natürliche Grenze durch die Vorgaben des Lehrplans. Lediglich die Vorgabe der Orientierung an der Zielsprache schränkt den Einsatz Ørbergs ein. Von einer Verhinderung kann durch diese Vorgabe allerdings nicht gesprochen werden, da Ørberg kein Verbot einer Übersetzung ausspricht, sondern lediglich deutlich macht, dass eine Übersetzung nicht mehr notwendig wird, weil der Textinhalt in seiner Gesamtheit durch das Lesen erfasst wird. So wird eine stärkere Nachhaltigkeit des Textinhalts sowie des Aufbaus des Textes bewirkt[111].

Ørberg separiert sich deutlich von der bis heute weit verbreiteten traditionellen Übersetzungsmethode. Sidney Morris bemängelt in diesem Zusammenhang den Umstand, dass die Schüler, die mit der traditionellen Methode arbeiten, nicht in der Lage seien, den Inhalt eines Textes wiederzugeben, ohne ihn erstens zu übersetzen und dies zweitens ohne eine Fülle von Hilfsmitteln zu tun[112]. Die Arbeit mit dem Wörterbuch zum Zwecke der korrekten Übersetzung ist mühselig und das am Ende der Stunde bewältigte Pensum steht in keinem Verhältnis zum Aufwand, der dafür betrieben wurde. Das Gefühl des „Nicht-Vorankommens" hält im Unterricht Einzug und minimiert die Motivation der Schüler[113]. LINGUA LATINA wirkt diesem Problem offensichtlich entgegen[114].

---

[110] Miraglia; Brown 2004: S. 6.
[111] Vgl. Ørberg: Vorwort in Miraglia; Brown 2004: S. 4.
[112] Vgl. Morris 1966, zit. in: Miraglia; Brown 2004: S. 14.
[113] Vgl. Oborski 2007: S. 210.
[114] Vgl. ebd.: S. 214.

6.4 Kritikpunkte

Oborski hat zahlreiche positive Schülerrückmeldungen auf seinen Versuch, den Unterricht mit LINGUA LATINA zu gestalten, erfahren. Dennoch sollten auch die „schlechteren" Schülerbewertungen Aufnahme finden, da besonders den Schülern eine gute Qualität des Unterrichts nützt. Der Schüler Niko bringt die typische Schülerkritik auf den Punkt: „Die Vorteile liegen auf der Hand: Lernen ohne Lernen, nur durch Herausfinden. Nachteil: man muss den ganzen Unterricht konzentriert sein, um alles mitzubekommen"[115]. Ganz offensichtlich erfordert das Lernen mit Ørberg ein hohes Maß an Konzentration und Leistungsbereitschaft, wie es auch bereits Miraglia formuliert hat[116]. Dieser Einsatz wird aber mit einem Ergebnis belohnt, dass eine Fähigkeit beinhaltet, um die man von manch anderen sicher beneidet wird.

Der Kritikpunkt, dass Konzentration notwendig ist, ist natürlich kein echter Kritikpunkt. Alles, was mit Lernen zu tun hat, setzt ein Mindestmaß an Konzentrationsfähigkeit voraus. Ein echter und wirklich ernstzunehmender Kritikpunkt ist jedoch das Fehlen einer Kasusfunktion des Genitiv, die besonders wichtig für das Textverständnis ist, auf das Ørberg größten Wert legt: der *Genitivus obiectivus*. Sämtliche Funktionen des Genitiv werden schrittweise eingeführt und wiederholt, sogar die Verben, die den Genitiv erfordern, werden eindringlich geübt, nur die Unterscheidung zwischen *Genitivus subiectivus* und *Genitivus obiectivus* fehlt in LINGUA LATINA PARS I. Um diesen Umstand zu beheben, ist es sinnvoll, bei der Einführung des *Genitivus subiectivus* auf den *Genitivus obiectivus* hinzuweisen und ggf. den Bedeutungsunterschied und die Auswirkungen auf das Textverstehen deutlich zu machen.

Ebenso fehlt eine Zusammenfassung des *Ablativus absolutus* im Grammatikteil des Kapitels, in dem dieses Phänomen eingeführt wird. Dies ist möglicherweise der Tatsache geschuldet, dass es nicht die Einführung des *Ablativus absolutus* schlechthin gibt, sondern dieser Grammatik-Aspekt intuitiv im Zusammenhang mit dem *Participium coniunctum* erlernt werden soll, da der *Ablativus absolutus* eine Spezialform des *Participium coniunctum* ist. Wenn auch die Randnotizen, die die Partizipialkonstruktion in einen temporalen Nebensatz auflösen, zum Verständnis helfen, muss dennoch kritisiert werden, dass bei dieser Form der Hilfe etwas einseitig gearbeitet wurde. Neben der Auflösung der Partizipialkonstruktion in einen temporalen Nebensatz dürfen die anderen Auflösungsarten der Beiordnung, Substantivierung und den anderen Arten der Unterordnung, d.h. Relativsatz, Konzessivsatz, Kausalsatz, nicht außer Acht gelassen werden. Zumal der Temporalsatz schon eine Sinnrichtung vorgibt, die wiederum den Textinhalt verfälschen und so zu Schwierigkeiten bezüglich des Textverständnissen führen könnte. Dies gilt insbesondere dann, wenn die temporale Umschreibung einer Partizi-

[115] Dietrich 2000: S. 209.
[116] Vgl. Accademia Vivarium Novum 2011.

pialkonstruktion außerhalb der Lehrbuchumgebung erfolgt, weil diese Methode der „geistigen Umwandlung“ mittlerweile von den Schülern verinnerlicht wurde. Die „neutralste“ Variante der Auflösung einer Partizipialkonstruktion ist die Unterordnung durch einen Relativsatz. Diese Variante hätte von Ørberg auch herangezogen werden können, da mit der Einführung der Partizipialkonstruktionen die Relativsätze schon bekannt waren.

Ein weiterer Punkt ist das Fehlen der Einführung des *NcI* und einer passenden Erläuterung im Grammatikteil. Obwohl Sätze mit dieser Konstruktion gehäuft in Kapitel 17 vorkommen, gibt es in diesem Kapitel keine Erläuterungen dazu. Wenn der Lehrer nicht darauf hinweisen möchte, bleibt für die Schüler die Möglichkeit, den *NcI* als eine weitere Infinitivkonstruktion wahrzunehmen, die dem *AcI*, dem wiederum viel Beachtung geschenkt wird, ähnelt. Sicher ist es für die Schüler auch möglich, den *NcI* intuitiv als passivische Infinitiv-Konstruktion zu erfassen und seinen Inhalt *per se* zu verstehen, gerade weil eine Übersetzung in gutes Deutsch nicht gefordert ist.

Ein kleineres und letztes Manko ist eine kurzzeitige Unregelmäßigkeit in Ørbergs sonst so gut geordnetem und konsequentem LINGUA LATINA: die Benennung des Imperfekts im Textteil als *tempus praeteritum*[117] und später im Anhang, der eine Übersicht über die verschiedenen Tempora und die Konjugationen gibt, als *tempus imperfectum*[118]. Fachlich gesehen ist dies natürlich kein Fehler, jedoch eine Unaufmerksamkeit, die bei Schülern zu Verwirrungen führen könnte. Deshalb ist es wichtig, sich auf einen Begriff zu einigen. Erfahrungsgemäß wird häufiger die Bezeichnung „Imperfekt“ verwendet, aus dem Deutschunterricht ist allerdings eher die Bezeichnung „Präteritum“ geläufig, das dem lateinischen Imperfekt entspricht.

[117] Vgl. Ørberg 2009: S. 151.
[118] Vgl. ebd.: S. 309.

7 AUSBLICK UND FAZIT

Insgesamt sind die gerade geschilderten Kritikpunkte Sachen, die durch den Lehrer behoben werden können. Ein Lehrbuch ist – ebenso wie der Lehrplan – kein dogmatisches Dokument, sondern eine Richtlinie, eine Hilfestellung für den Unterricht. Anhand der Ausführungen in Kapitel 6 konnte erkannt werden, dass Ørberg sehr wohl auch für den Lateinunterricht in Deutschland geeignet ist und den Schülern den Spaß am Lateinunterricht zurückbringt. Der aktuelle Trend, Latein in der Schule zu belegen, sollte nicht dadurch gestoppt werden, dass der Unterricht langweilig und viel zu schwierig ist. Ørberg trägt maßgeblich dazu bei, Langeweile zu verhindern, da bei der Lektüre immer etwas zu tun und zu erleben ist.

Leistungsbereitschaft und Mut der Schüler und Lehrer vorausgesetzt, kann das Projekt „*Lingua Latina per se illustrata?*" gelingen. Verschiedene Rückschläge bei den Schülern kann auch LINGUA LATINA PER SE ILLUSTRATA nicht verhindern, allerdings kann es die Zahl der Erfolgserlebnisse steigern, weil die Schüler viel mehr von selbst verstehen, als dass sie nichts verstehen.

Wie man als Lehrer am besten mit dem einen oder anderen Lehrbuch umgeht, muss man selbst erst herausfinden. Und dies kann nur durch echte Verwendung des Lehrbuchs geschehen. Wenn LINGUA LATINA für den einen Lehrer hervorragend geeignet ist, muss das für den anderen nicht unbedingt zutreffen. Aber wenigstens ein Versuch sollte dem Lehrbuch zugesprochen werden. Der tatsächliche flächendeckende Einsatz bzw. die Möglichkeit eines flächendeckenden Einsatzes kann allerdings erst mit den Zustimmungen der Kommissionen zur Zulassung von Schulbüchern erfolgen, die dann von den einschlägigen Verlagen verlegt werden. Bisher wird LINGUA LATINA von keinem deutschen Schulbuchverlag vertrieben.

So ist es auch zu erklären, dass es Ørberg noch nicht in deutsche Klassenzimmer geschafft hat, obwohl seine Lehrbücher nicht nur vollständig den deutschen Anforderungen gerecht werden, sondern diese sogar übersteigen. Denn „Verstehen Können" ist eine Fähigkeit, die dem „Übersetzen Können" übergeordnet ist. Dies spiegelt sich im übertragenen Sinn im Ausspruch „Wenn wir es (Altgriechisch) verstünden, müssten wir es nicht übersetzen"[119] wieder.

In diesem Sinne kann ich nur empfehlen, sich auf das Experiment mit Ørberg einzulassen, zumal es viele Hilfen gibt, die das Experiment erleichtern. Und dann können wir hoffentlich sagen: *Lingua Latina per se illustrata!*

---

[119] o.N., zit. in: Oborski 2007: S. 214.

Bücher und Sammelbände

Clasen, Arnold (1971): Wozu Latein? Wie ist sein Platz im modernen Curriculum zu begründen? In: Nickel, Rainer (Hrsg.): Didaktik des altsprachlichen Unterrichts. Deutsche Beiträge 1961-1973. Wissenschaftliche Buchgesellschaft. Darmstadt 1974, S. 10-22.

Kipf, Stefan (2006): Altsprachlicher Unterricht in der Bundesrepublik Deutschland. Historische Entwicklung, didaktische Konzepte und methodische Grundfragen von der Nachkriegszeit bis zum Ende des 20. Jahrhunderts. C. C. Buchner. Bamberg.

Miraglia, Luigi; Brown, C.G. (2004): Lingua Latina per se illustrata. Latine doceo. A Companion for Instructors. Focus Publishing/R. Pullins Company. Newburyport.

Neuner, Gerhard (2007): Vermittlungsmethoden: Historischer Überblick. In: Bausch, Karl-Richard; Christ, Herbert; Krumm, Hans-Jürgen (Hrsg.): Handbuch Fremdsprachenunterricht. UTB. Tübingen, S. 225-234.

Nickel, Rainer (2001): Lexikon Lateinunterricht. *Lemma Sprechmethode.* C. C. Buchner. Bamberg, S. 268.

Ørberg, Hans H. (1973): Naturae Ratio: méthode directe inductive pour l'enseignement du latin. In: Association Guillaume Budé (Hrsg.): Actes du IXe Congrès, Rome, 13-18 avril 1973. Tome II. Les belles Lettres. Paris 1975, S. 914-922.

Ørberg, Hans H. (2009): Lingua Latina per se illustrata. Pars I. Familia Romana. Domus Latina. Grenaa.

Richards, Jack C.; Rodgers, Theodore S. (2001): Approaches and Methods in Language Teaching. Second Edition. Cambridge University Press. New York.

Sächsisches Staatsministerium für Kultus und Sport (2004): Lehrplan Gymnasium Latein. Dresden.

Zeitschriften

Arnold, E. V. (1926): The direct method. In: Classical Review, S. 33-34.

Dietrich, Hartmut (2000): Lingua Latina per se illustrata. Lateinlehrgang nach einsprachiger Methode. Von Hans H. Ørberg. In: Forum classicum 3/2000, S. 205-209.

Glücklich, Hans-Joachim (1994): Das gegenwärtige Begründungsdefizit der Lateinsprechmethode. In: Altsprachlicher Unterricht 37, 5/1994, S. 16-21.

Kipf, Stefan (2010): Romani bellum amabant – Zur Entwicklung des Römerbildes in den lateinischen Unterrichtswerken seit 1945. In: Pegasus-Onlinezeitschrift X/1, 2010, S. 61-88.

Loyd, James O.; o. N. (Hrsg.) (1987): Lingua Latina secundum naturae rationem explicata. In: New England Classical Newsletter & Journal 14/4, S. 21-24.

Neumann, Willy (1952): Konstruieren oder Lesen? Ein Beitrag zur Methodik des Übersetzens aus den alten Sprachen. In: Altsprachlicher Unterricht 1/3, 1952, S. 5-32.

Oborski, Frank (2007): Da ist mehr Latein drin. Das Lehrwerk von Hans Ørberg. In: Forum classicum 3/2007, S.208-215.

Stroh, Wilfried (1994a): Hilfen zum Lateinsprechen. Bibliographie von 100 ausgewählten Artikeln. In: Altsprachlicher Unterricht 37, 5/1994, S. 76-95.

Stroh, Wilfried (1994b): Lateinreden in der Schule? In: Altsprachlicher Unterricht 37, 5/1994, S. 8-14.

Internet

Accademia Vivarium Novum (2011): Adextra. Summer Latin School [Zugriff am 19. November 2011 unter *http://www.vivariumnovum.net/adextra.htm*]

Deutscher Bildungsserver (2011): Zugelassene Lernmittel und Schulbücher. [Zugriff am 17. November 2011 unter *http://www.bildungsserver.de/Zugelassene-Lernmittel-und-Schulbuecher-522.html*]

Focus Publishing/R. Pullins Company (2011): Reviews. [Zugriff am 15. November 2011 unter *http://focusbookstore.com/lingualatinareviews.aspx*]

Sächsisches Staatsministerium für Kultus (1997): Verordnung des Sächsischen Staatsministeriums für Kultus über die Zulassung von Schulbüchern (Schulbuchzulassungsverordnung). [Zugriff am 31. Oktober 2011 unter *http://www.recht.sachsen.de/GetXHTML.do?sid=599241934410*]

Salini, Rossano (2009): SCUOLA/ Latine (et graece) colloqui: L'insegnamento delle lingue classiche secondo il „metodo natura". Interview Luigi Miraglia, 7. April 2009. [Zugriff am 16. November 2011 unter *http://www.ilsussidiario.net/News/Educazione /2009/4/7/SCUOLA-Latine-et-graece-colloqui-l-insegnamento-delle-lingue-classiche-secondo-il-metodo-natura/ 15994/*]

Stroh, Wilfried (2011): Lebendiges Latein. In: Cancik, Hubert; Schneider, Helmuth; Landfester, Manfred (Hrsg.): Der Neue Pauly. Brill Online. [Zugriff am 9. November 2011 unter *http://www.brillonline.nl/subscriber/entry?entry=dnp_e1500890*]

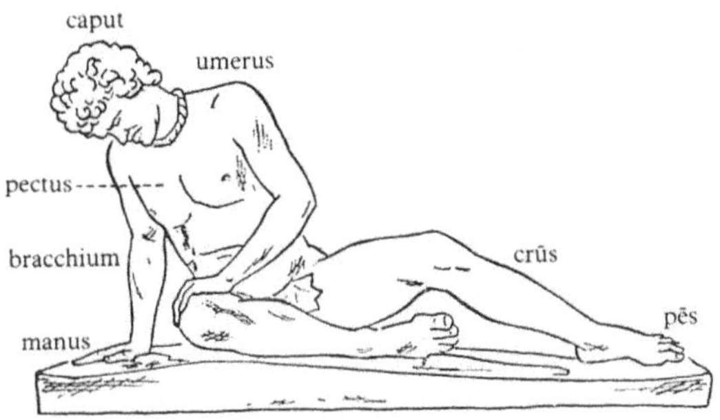

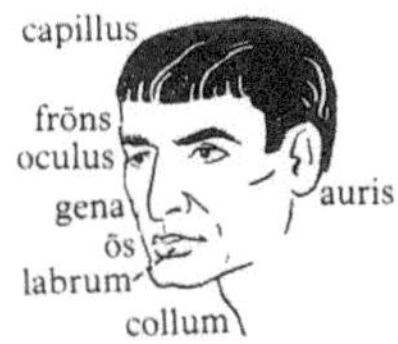

CORPVS HVMANVM

Corpus hūmānum quattuor membra habet: duo bracchia et duo crūra. Bracchium membrum est et crūs membrum est. In bracchiō est manus, in crūre pēs. Duae manūs et duo pedēs in corpore hūmānō sunt.

In corpore ūnum caput est, nōn duo capita. In capite sunt oculī et aurēs, nāsus et ōs. Super caput capillus est. Capillus virōrum nōn tam longus est quam fēminārum. Suprā oculōs frōns est. Īnfrā oculōs genae sunt. Post frontem est cerebrum. Quī cerebrum parvum habet stultus est. Ōs est inter duo labra. In ōre lingua et dentēs īnsunt. Dentēs sunt albī ut margarītae. Lingua et labra rubra sunt ut rosae.

Hominēs oculīs vident et auribus audiunt. Homō quī oculōs bonōs habet bene videt, quī oculōs malōs habet male videt. Quī aurēs bonās habet bene audit, quī aurēs malās habet male audit. Syra male audit, ea enim aurēs malās habet.

hūmānus -a -um < homō
corp*us* -*oris* *n*, *pl* -ora -orum
crū*s* crū*ris* *n*, *pl* crūra -rum
ūna man*us*, duae man*ūs*

cap*ut* -*itis* *n*, *pl* capita -itum
ō*s* ō*ris* *n*, *pl* ōra -um
super *prp+acc* ↔ sub

frōns -ontis *f*
īnfrā *prp+acc* ↔ suprā

stultus -a -um

ruber -bra -brum

bene ↔ male

pectus -oris *n*

cor cordis *n*
sanguis -inis *m*
fluere
color -ōris *m*
iecur -oris *n*
venter -tris *m*
viscera -um *n pl*

cibum sūmere = ēsse

sānus -a -um ↔ aeger -gra -grum

sānāre = sānum facere

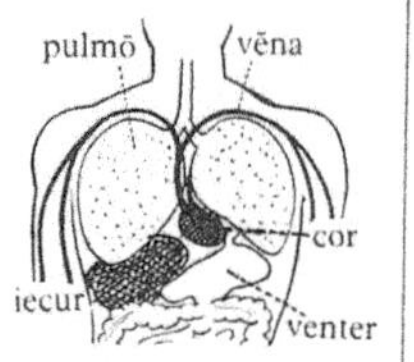

viscera hūmāna

Caput est super collum. Sub collō est pectus. In pectore cor et pulmōnēs sunt. In corde est sanguis, quī per vēnās ad cor fluit. Color sanguinis est ruber. Īnfrā pulmōnēs est iecur et venter. In ventre cibus est. Cor, pulmōnēs, iecur, venter sunt viscera hūmāna.

Homō quī ventrem malum habet cibum sūmere nōn potest, neque is sānus, sed aeger est. Homō sānus ventrem bonum, pulmōnēs bonōs, cor bonum habet.

Medicus ad hominem aegrum venit eumque sānum facit. Medicus est vir quī hominēs aegrōs sānat, sed multī aegrī ā medicō sānārī nōn possunt.

Estne sānus Quīntus? Nōn est: pēs eius aeger est. Puer super lectum iacet. Aemilia et Syra apud puerum aegrum sunt. Māter apud eum sedet manumque eius tenet. Syra nōn sedet, sed apud lectum stat. Quīntus iacet. Aemilia sedet. Syra stat.

pōculum aquae = pōculum cum aquā
modo = tantum, sōlum

Aemilia: "Ecce mālum, Quīnte."

Aemilia puerō aegrō mālum rubrum dat, neque is mālum ēsse potest. Māter eī pōculum aquae dat.

Aemilia: "Bibe aquam modo!"

Māter caput Quīntī sustinet, dum puer aquam bibit.

Aemilia: "Iam dormī, Quīnte! Dormī bene!"

Māter manum pōnit in fronte fīliī: frontem eius tangit. Quīntus oculōs claudit atque dormit.

II Iūlius, quī cum Syrō servō in ātriō est, imperat: "Ī ad oppidum, Syre, atque medicum arcesse!"

Medicus Tūsculī habitat. Iūlius servum suum Tūsculum īre iubet atque medicum arcessere. Syrus equum ascendit, ad oppidum it, medicum arcessit. Servus cum medicō ad vīllam revenit.

Medicus interrogat: "Quis aegrōtat?"

Iūlius: "Meus Quīntus fīlius aegrōtat; ambulāre nōn potest."

Medicus: "Cūr ambulāre nōn potest?"

Iūlius: "Quia pēs eius aeger est. Puer stultus est, medice: nīdum in arbore reperit, arborem ascendit, dē arbore cadit! Itaque pedem aegrum habet nec ambulāre potest. Nec modo pede, sed etiam capite aeger est."

Iūlius medicum ad cubiculum Quīntī dūcit. Medicus cubiculum intrat, ad lectum adit atque puerum aspicit. Quīntus quiētus super lectum iacet nec oculōs aperit. Medicus puerum dormīre videt.

Medicus dīcit: "Puer dormit."

Syra, quae male audit, id quod medicus dīcit audīre nōn potest; itaque interrogat: "Quid dīcit medicus?"

Aemilia (in aurem Syrae): "Medicus 'puerum dormīre' dīcit."

tangere

atque = et

iubēre = imperāre
equum ascendere = in equum ascendere

re-venīre = rūrsus venīre

aegrōtāre = aeger esse

dē *prp+abl* = ab [↓]

nec = neque

pede aeger est = pedem aegrum habet

cubiculum intrāre = in cubiculum intrāre
quiētus -a -um = quī sē nōn movet

dīcere

id quod medicus dīcit = verba medicī

www.ingramcontent.com/pod-product-compliance
Ingram Content Group UK Ltd.
Pitfield, Milton Keynes, MK11 3LW, UK
UKHW021335230626
13320UKWH00023B/279

9 783955 492892